この辞典は、辞典、とりわけ国語辞典に関連する語句を見出しとし、解説を施したものである。見出し語の範囲は、辞書学の専門的な術語から、個別の辞典の書名、辞典の編纂者や関係者、辞典を取り扱ったフィクション作品や架空の辞書名にいたるまで広範にわたり、項目数は682におよぶ。見出しの選定と語釈の執筆にあたっては、その語句の重要度を第一としつつ、面白さも十分考慮に入れ、読者がとにかく楽しみながら読めることを目指した。
「辞典についての辞典」というメタ的パロディであることから、書籍全体の構成や、ページの体裁、解説文の重厚さなど、随所に「辞典らしさ」を取り入れてある。

●辞典語辞典の見方のポイント

ルール1　見出し　＜解説文だけでなく、見出しもこんなに情報があります＞

見出しの書き方　見出しは、内閣告示「現代仮名遣い」および「外来語の表記」によって示した。ただし、項目の性質によっては、あえて歴史的仮名遣いで示した。(例)をんな
平仮名と片仮名の違い　和語・漢語は平仮名、外来語は片仮名で表記した。ただし、和語・漢語由来でも固有名詞で外来語ふうにいったらしき語は、片仮名で表記した。(例)ナゼー　マダレムジエン
動詞の見出し　動詞は終止形で示した。「・」は、語幹と活用語尾を分けるために入れた。(例)あ・む
書名の見出し　辞書名を含む書名の項目については、副題と考えられる部分は省いた。

ルール2　見出しの排列　＜項目の並べ方は実は色々。本書ではこんなルール＞

見出しの並べ方　見出しは、先頭から1字ずつ読んだ五十音順で排列した。同じ仮名の場合は、清音→濁音→半濁音、拗促音→直音の順とした。「ん」は「を」の後とした。
長音記号の考え方　その発音のアイウエオのいずれかに置き換えて考えるようにした。(例)「ルーペ」は「ルウペ」の位置に排列
同音の見出しの並べ方　見出しが全く同じ場合は、表記欄の1字目の画数が少ないものから順に並べた。それも同じ場合は、2字目の画数が少ないものから順に並べた。(例)はやしおおき【林大】→はやしおおき【林巨樹】

ルール3　表記欄　＜どうしてあの漢字で書いていないの?と思ったら＞

表記の示し方　見出しと表記が異なる場合は、表記欄【　】で、一般的な書き表し方を示した。項目の性質によっては、あえて一般的でない表記のみを示した。(例)【いけ面】
漢字の字体　常用漢字および人名用漢字については、それぞれの漢字表に示された字体を用いた。固有名詞であっても同様としたので、注意されたい。ただし、現代でもあえて旧字体を用いていると考えられる場合、旧字体のまま表記したものがある。
複数の表記　表記が複数あるものは、「・」印で区切って列挙した。より一般的と考えられる表記をなるべく優先するようにしたが、使用頻度にとりたてて差がない場合もある。(例)【いたちごっこ・鼬ごっこ】

ルール4 **分野情報** ＜ それって何の言葉？がひと目でわかります ＞

分野の示し方 表記欄の次に、その項目が属する分野を記号で示した（詳細は173ページ「辞典語辞典採収語…類別表」）。該当する分野がない場合は記号を付さなかった。

ルール5 **外来語の原語など** ＜ 検索したり、カッコつけて書いたりするために ＞

原語の示し方 見出し語が外来語である場合や、それに準ずる場合には、原語欄〔 〕に原語や元の形を示した。ただし、日本で外来語ふうにつくった言葉には、原語を示さなかった。
辞書学用語の訳 辞書学の術語で、英語の定訳があると認められる日本語については、その訳を便宜的に〔 〕内に示した。
固有名詞の原語 外国の人名は姓名を、外国の作品名は原題を、〔 〕内に示した。

ルール6 **文法情報** ＜ 辞典語を正しく使いこなすのに必須の情報 ＞

動詞の文法情報 動詞の項目については、（ ）内にその文法情報を示した。たとえば、（他マ五）はマ行五段活用の他動詞であることを示す。用いた略号は以下の通り。
　　自　自動詞 ／ 他　他動詞 ／ 五　五段活用 ／ 下一　下一段活用 ／ サ　サ行変格活用
動詞以外の文法情報 その他の品詞の文法情報は示さなかった。ただし、名詞としてもサ変動詞としても用いられる語は、（名・自サ）のように示した。
造語成分 造語成分としてのみ用いられる語には、品詞に準ずるものとして（造語）と示した。

ルール7 **解説文** ＜ 辞書を縦横無尽に駆け巡るための記号も付けました ＞

解説文について 全ての項目に、平明かつ詳細な解説を施した。解説がなく、➡ 記号で他の見出しを示すだけの項目（空項目）は、示した見出し語の項目に解説を譲っている。
漢字の字体 常用漢字および人名用漢字については、それぞれの漢字表に示された字体を用いた。固有名詞であっても同様としたので、注意されたい。ただし、現代でもあえて旧字体を用いていると考えられる場合、旧字体のまま表記したものがある。
▼記号 解説文中に、合わせて読んでほしい項目の見出し語が出てきた場合は、肩に▼記号を付した。
生没年 人名には生没年を記した。不詳の場合は、?記号を添えるか、?記号で置き換えるかした。
引用における注意 解説文中で書名を記載したり他の文献から引用したりする場合は、できる限り原文のまま表記した。ただし、旧字体は新字体に改め、空格は詰めた。仮名遣いは原文のままとしたが、片仮名は平仮名に改めた箇所がある。

ルール8 **用例** ＜ 意味や用法の参考になる用例 ＞

用例の示し方 用例 記号でその見出し語の実際の用いられ方を示した。見出し語にあたる部分（活用語はその語幹部分）は、—記号に置き換えて示した。なお、用例はすべて編者の集めた実例にもとづく作例である。

004

ルール9 語義区分 ＜わかりやすい分け方になるよう努めました＞

語義区分の示し方 同じ語形で複数のものを指す語や、複数の意味がある語は、単一の見出しにまとめ、以下の決まりに従って区分した。

- **大区分** それぞれの性質が全く異なる場合、「大区分」として、四角囲みの漢数字一二…によって区分した。大区分は見出しに準じて扱い、必要に応じて区分ごとに分野や原語を示した。

> (例)じゅんかん【循環】(名・自サ)
> ①辞書の語釈を……
> 　(a) 言葉Aの……
> 　(b) もともと……
> ②見出し語を……

- **中区分** 複数の意味がある語で、それぞれに語源的なつながりもあると認められる場合、「中区分」として、丸囲みの算用数字①②…によって区分した。
- **小区分** 意味が異なるとまでは言いがたいが、別に説明したほうがわかりやすそうな場合、「小区分」として、小文字のアルファベット (a) (b) …によって区分した。このときは、まず全体に共通する意味を記した後、小区分を列挙するようにした。
- **階層の置き方** 上記を組み合わせるときは、必ず大区分＞中区分＞小区分の階層となるようにした。

ルール10 対義語・派生語・参考 ＜その語をよりよく、より広く理解するために＞

対義語 対義語は末尾に⇔記号で示した。ただし、解説文中で言及している場合は省略した。

派生語 派生語は末尾に動(動詞形)、名(名詞形)記号で示した。

参考 合わせて読んでほしい項目のうち、解説文中にその語が現れないものは、解説文末尾に [参考] ➡ として示した。

- **囲みコラム**：辞書特有の言い回しや、かつての名編者らが残した名文など、項目として立てがたいものは本文の各所にコラム枠を設けて紹介した。
- **総索引**：巻末に総索引を設け、検索・閲覧の便宜を図った。

※本書の内容はすべて2020年11月現在のものである。

もくじ

ああ
【嗚呼】

有名項目 ため息や応答、呼びかけなどの声を表した感動詞で、五十音順の国語辞典の一番最初の項目であると思われがちな語。橘高薫風の川柳にも、「人の世や嗚呼にはじまる広辞苑」というものがある。しかし実際には、『広辞苑』第7版には「嗚呼」の前に「亜」「我」など13の項目がある。

参考 ➡ 愛

あい
【愛】

有名項目 「嗚呼」と同様に、五十音順の国語辞典の最初の項目であるとされることがある語。当然、「愛」の前に「嗚呼」などが必ず来るので、事実ではない。作家の高見順はエッセイ「言海礼讃」（1953年）で、『言海』は「愛」に始まり「女（をんな）」に終わると述べるが、実際には「愛」は最初から8番目、「女」にいたっては後ろから65番目の項目である。『言海』では「ん」は「む」の位置にあるため、「をんな」が最後にはなり得ないのである。ちなみに、本当の最後の項目は「をゐる」（枝がたわむ）。高見は続けて、新仮名遣いの辞書では最後の項目は「腕力」になるとも言っているが、助詞の「を」はもちろん、「わんわん」など

が「腕力」の後に来るので、これも事実ではない。

アイキューさんぜん
【IQ-3000】

デジタル 1979年11月にシャープから発売された、日本で初めての電子辞書。「電子辞書」ではなく、「電訳機」の名を冠していた。辞書というよりは単語帳のような感じで、収録項目数は英和と和英を合わせてわずか7800、液晶ディスプレイは16文字しか表示できないというものだったが、それでも画期的だった。別売りの増設モジュールを用いればさらに単語や熟語を追加できる。スペルがうろ覚えでも引けるあいまい検索の機能がすでに備わっていた。標準価格は3万9800円。

（IQ-3000）

アイシーじしょ
【IC辞書】

デジタル 〔ICはintegrated circuit（集積回路）の略〕携帯型の電子辞書のこと。単に「電子辞書」といった場合、広くデジタル辞書を指す場合と、専用の端末を指す場合とがあるため、後者の意に限定する際の呼び名としても用いる。

はいい？

あいぼう
【相棒】
（相棒）

作品 テレビ朝日系で放送されているテレビドラマシリーズ。水谷豊扮する刑事の杉下右京が、相棒となる刑事とともに難事件に挑む。2018年10月31日に放送されたシーズン17の第3話「辞書の神様」では、架空の国語辞典『千言万辞』の編集者が殺害される事件が描かれた。『千言万辞』主幹の大鷹公介（森本レオ）は用例採集に没頭しており、明らかに見坊豪紀がモデル。辞書編纂のために仕事を辞めたり、切り抜いてもいいように新聞を2部ずつ取ったりしているというエピソードも共通している。また、『千言万辞』を手伝っていた大学教授の国島弘明（森田順平）と大鷹とが主幹を交代するという話が持ち上がるが、これも見坊が主幹につくはずだった『新明解国語辞典』を、もと見坊の辞書編纂の補助役であった山田忠雄が引き継いだ事件を思わせる。

あいまいけんさく
【あいまい検索】

デジタル デジタル辞書で、検索の文字列と完全に一致していない、似た文字列の見出し語を返す機能。うろ覚えのとき

や、表記の異なる見出し語に対応できる。XMLデータ内に検索用の文字列を何種類か記載しておくことで、例えば「龍」「竜」のいずれの字を使って検索しても「芥川龍之介」が、「ウェブ」「ウエブ」「ウェッブ」のどの形でも「ウェブ」が引けるようになる。

あかせがわげんぺい
【赤瀬川原平】

人物 （1937-2014）美術家、作家。『超芸術トマソン』『老人力』や、芥川賞を受賞した「父が消えた」（尾辻克彦名義）などで知られる。その独自の観察眼で『新明解国語辞典』の面白さを紹介したエッセイ『新解さんの謎』（1996年）はベストセラーとなり、辞書を読む楽しみを世に知らしめた。学生時代には『新明解国語辞典』の前身にあたる『明解国語辞典』を、上京後は『岩波国語辞典』を使っていたという。1997～1998年には、『三省堂ぶっくれっと』誌で『新明解国語辞典』の編者のひとりである柴田武、劇作家の如月小春と鼎談を行ってもいる。

あかめしじゅうやたき
しんじゅうみすい
【赤目四十八瀧心中未遂】

作品 車谷長吉の直木賞受賞作品。1998年刊。荒戸源次郎監督で2003年映画化。映画では、主人公が国語辞典に相談するという原作にないシーンが印象的に挿入されている。登場したのは付箋の多数貼られた『新明解国語辞典』第4版革装版で、荒戸の妻だった鈴木マキコ（夏石鈴子）の私物。

アクセント

`辞書学` 〔accent〕その語のどこを高く、または強く発音するかという、語ごとの決まり。音調とも。地域、時代、世代で変化がある。語によっては、意味とアクセントに結び付きがある。例えば、「ドライバー」では「ラ」の後を下げて読めば「運転手」の意味になる。しかし、平板に読めば「ネジ回し」となる。国語辞典で各語にアクセントを示したのは『日本大辞書』が初めてで、編者の山田美妙は、辞書には音調が非常に大切と断じていた。『明解国語辞典』では、金田一春彦がアクセントを番号によって示す方法を採った。これは『新明解国語辞典』でも踏襲されている。ほかに現行の国語辞典では『大辞林』『集英社国語辞典』『新選国語辞典』や『角川国語辞典』系がアクセントを表示し、それ以外のものも特に区別の重要な項目では欄外などに記述する例がある。『日本国語大辞典』は、現代東京アクセントだけでなく現代京都アクセントやアクセント史の情報も掲載し、出色である。なお、『新明解国語辞典』のデジタル版は音声を収録しており、発音を直接聞いて知ることができる。

あくたがわりゅうのすけ
【芥川龍之介】

`人物` (1892-1927) 言わずと知れた小説家。1924年のエッセイで『言海』の「猫」の語釈に「窃盗ノ性アリ」とあるのをあげつらって、「大槻文彦先生は少くとも鳥獣魚貝に対する誹毀の性を具へた老学者である」と書いている。辞書の語釈に突っ込みを入れた先駆者であると言えるかもしれない。1920年頃の未定稿「辞書を読む」では、字そのもの、語そのものが面白くて、植物学者が温室へ入るような心持ちで辞書を読む人がいるということについても書いているが、これは芥川自身のことかもしれない。

（芥川龍之介）

あくまのじてん
【悪魔の辞典】

`書名` 〔The Devil's Dictionary〕アンブローズ・ビアス (1842-1914?) が著した警句集。997の単語に皮肉めいた語釈を付し、アルファベット順に並べたもの。1906年『冷笑家用語集』として刊行され、1911年の全集で改題のうえ大幅に加筆。1967年、ジェローム・ホプキンズが未収録の語851を加え『増補版 悪魔の辞典』として刊行した。

（悪魔の辞典）

あすけなおじろう
【足助直次郎】

人物 (?-1942) 辞書編纂者。読売新聞社の記者だった1896年頃、同郷の親友である斎藤精輔に誘われ、新聞社を辞して『漢和大字典』の編纂に参画。『辞林』『広辞林』でも実質的な編者の役割を果たした。辞書の印税で暮らしには困らなかったという。

あとがき
【あとがき・後書き】

辞書学 本や論文などで、本文の後に書かれた文章。後記、奥書き、跋（ばつ）、跋文などともいう。辞書もあとがきを備えることがあるが、序文や凡例以上に読まれない箇所であるかもしれない。序文では編集方針が語られがちなのに対し、あとがきでは編纂の細かな経緯や、実際に原稿を執筆・校閲した人への謝辞が述べられることが多い。『言海』のあとがき「ことばのうみのおくがき」は有名。

あなたのことばをじしょにのせよう
【あなたの言葉を辞書に載せよう。】

催事 『大辞泉』の編集部が2013年から毎年実施しているキャンペーン。「愛」「人生」「平成」など、あらかじめ決められた言葉のイメージを読者から募集するもの。編集部が選定した秀逸な投稿は、実際に『デジタル大辞泉』に収録される。『デジタル大辞泉』を引いていると突然ポエムが現れて面食らうことがあるが、この企画の作品である。 参考 ➡ 大辞泉が選ぶ新語大賞、笑っていいとも！

あひるとかものコインロッカー
【アヒルと鴨のコインロッカー】

作品 伊坂幸太郎の長編小説。2003年刊。大学入学のため仙台へ越してきたばかりの青年・椎名が、隣室に住む河崎という男に、同じアパートの外国人にプレゼントするために本屋から『広辞苑』を強盗しないかと誘われる。結局ふたりは本屋を襲うことになるが、河崎は誤って『広辞林』を盗んできた。2006年には映画化もされ、『広辞林』第6版が銀幕を飾った。映画版では、『広辞林』を盗んできた河崎（永山瑛太）に対し、椎名（濱田岳）は「まあ、似たようなもんだけど」という問題発言をしている。

ジャンプが読みたいのにチャンピオン渡されても困るだろ？

遠んだ 全然違うんだよ

はあ

（アヒルと鴨のコインロッカー）

あ・む
【編む】

辞書学 （他マ五）辞書などを編纂・編集する。辞書を取り上げた文章でしばしばお目にかかる語。辞書に人間が関わっているという面に注目する際、この語が用いられがちな印象。 用例 「辞書を―むという営み」「生活者の視点で―まれている国語辞典」 参考 ➡ 舟を編む

（編む）

イースト

デジタル 〔EAST〕日本のソフトウェア開発企業のひとつ。1985年創業。多様なデジタル辞書事業に取り組み、オンライン辞書「三省堂 Web Dictionary」、大学向け辞書配信サービス「eRef」、パナソニックのテレビ用インターネットサービス「Tナビ」に提供された「辞書 on TV」などの開発・運営を行っていた。スマートフォン・PC向けの、様々な辞書を引けるアプリ「デ辞蔵」や、Windows用『大辞林』など各種の単体の辞書アプリも販売。2015年には学習辞書アプリ「DONGRI」をリリースした。

イーピーウィング
【EPWING】

デジタル 〔Electronic Publishing-WING〕デジタル辞書のオープン規格。前身は1986年の「WING」で、『広辞苑』第3版 CD-ROM 版のために富士通、岩波書店、ソニー、大日本印刷の4社が、低速な CD-ROM ドライブに対応した規格として共同開発した。その後電子ブック用の「EB」と、電子辞書用標準規格「EPWING」に発展。後者は、1991年設立の EPWING コンソーシアムが普及を推進し、1996年には JIS X 4081 として登録された。EPWING 対応の辞書ブラウザで動作する CD-ROM 辞書が多数発売され、PC用デジタル辞書の標準となる。辞書アプリなどが現在採用する検索方法は EPWING の頃に確立したもの。しかし EPWING 準拠のソフトは2010年頃から作られなくなり、市場から消えている。

いいまひろあき
【飯間浩明】

人物 （1967-）日本語学者、辞書編纂者。『三省堂類語新辞典』にアルバイトとして携わったのち、2005年から『三省堂国語辞典』の編集委員を務める。『辞書を編む』『辞書に載る言葉はどこから探してくるのか？』『三省堂国語辞典のひみつ』など著書も多く、イベント「国語辞典ナイト」や自身のツイッターなどを通じて辞書や日本語の魅力を日々発信している。 参考 ➡ 今年の新語、大喜林

いけめん
【いけ面】

有名項目 『広辞苑』にある面妖な表記。『広辞苑』は第6版からこの語を立項し、「いけている」と「面」を合わせた語であるとして表記欄には「いけ面」と示した。「多く片仮名で書く」という情報もあるにはあるが、いくらなんでも「いけ面」とは書かないだろうと物議を醸した。「メン」は「メンズ」である、あるいは「メンズ」と「面」をかけたものであるという説を採る辞書もあり、表記欄にどんな表記を採用するかは辞書によって揺れている。

（いけ面）

いしぐろよしみ
【石黒修】

人物 （1899-1980）国語学者、国語教育学者。本名、修治（よしはる）。早くから国語辞典の問題点をたびたび指摘してきた人物。1939年には当時の辞書に「司会」の語がないことを新聞で報告、これを読んだ見坊豪紀が用例採集を志すなど、日本の辞書の発展に間接的に与えた影響は少なくない。1948年にCIE（連合国軍総司令部民間情報教育局）の指示で実施された「日本人の読み書き能力調査」では専門委員長を務め、柴田武、金田一春彦らが石黒のもとで問題作成などにあたった。1959年の『三省堂小学国語辞典』では編者。

いしやまもりお
【石山茂利夫】

人物 （1943-2009）新聞記者、作家。読売新聞記者として同紙の日曜版で気になる日本語表現を取り上げる連載を持ち、取材を通じて多くの辞書編纂者と交流。退社後は各種の国語辞典の編集にまつわる実録を著した。著書に『今様こくご辞書』『日本語矯めつ眇めつ』『裏読み深読み国語辞書』『国語辞書事件簿』『国語辞書 誰も知らない出生の秘密』など。 参考 ➡ 字引

いそう
【位相】

辞書学 その語が使われる場面、分野や、使う人々の特性。国語辞典では、括弧などの約物に入れて語釈の文頭に示すことが多い。例えば、〔医〕は医療、〔経〕は経済、〔音〕は音楽といった分野の専門語としての意味を示す。あるいは、〔雅〕は雅語、〔俗〕は俗語、〔口〕や《口頭》は口頭語、〔文〕や《文章》は文章語といった文体を示す。また、語釈の中で「俗な言い方」「老人語」などと注記する場合もある。

いたちごっこ
【いたちごっこ・鼬ごっこ】

辞書学 有名項目 同じことの繰り返しで、らちが明かないこと。辞書においては、言葉Aの語釈にBとあり、Bを引くとAと書いてあって循環してしまう場合をいう。詳しくは「循環」の項を参照。『新明解国語辞典』の語釈が長大であったことも有名である。第3版までは普通だったが、第4版では語義が大区分5、小区分10に細分化され、全体で28行にもわたるべらぼうな長さになった。これらは「いたちごっこ」の意味ではなく事例であると解すべきで、主幹の山田忠雄の没後、倉持保男によって内容が整理された。現行の第8版では語義はひとつになっている。

（いたちごっこ）

いちえんショップ
【1円ショップ】

催事 2019年、博報堂が雑誌『広告』のリニューアルを記念し開設したオンラインショップ。あきたこまち2グラム、つまようじ3本など、1円相当の商品11点を販売。3240円で7万7000語収録の『学研現代新国語辞典』改訂第6版は1円あたり24語ということで、同書から「価値」「コスト」「予算」など24語を抜粋し印刷したペーパーも1円で販売された。

いちがつここのか
【1月9日】

『新明解国語辞典』に関わる日付。第4版で、「時点」の項目に「一月九日の時点では、その事実は判明していなかった」という用例が追加され、赤瀬川原平は『新解さんの謎』で日付の謎めいた具体性に注目した。『明解物語』で柴田武が証言したところでは、同辞書初版の打ち上げが1972年1月9日に開かれた。『ケンボー先生と山田先生』のディレクター・佐々木健一は、両者が同じ日を指すのではないかとインスピレーションを得て番組制作を進行。同番組と書籍『辞書になった男』では、この日東京・四谷の懐石料理店「白紙庵」で行われた打ち上げで見坊豪紀は序文の「事故有り」を初めて目にし、山田忠雄と訣別するきっかけになったと結論している。

いちかわたかし
【市川孝】

人物 (1927-) 国語学者。国立国語研究所で見坊豪紀の同僚となり、『三省堂国語辞典』では初版から編集に協力。第2版以降で異字同訓の書き分けが徹底的に示されているのは、市川の努力によるところが大きい。第3版においては、学習重要語の認定、意味の似ている同音語の相互参照、句項目の表示も発案した。見坊没後の第5〜6版では編集幹事を務め、表記欄において「仮名書きにして（も）よい」箇所を括弧でくくる方法を創案。同書の弟分にあたる『三省堂現代国語辞典』では編集主幹、『三省堂現代新国語辞典』では第4版まで編集主幹。

いちげんごじしょ
【一言語辞書】

辞書学 〔monolingual dictionary〕ある言語で見出し語を立て、同じ言語で語釈をつけた辞書。一か国語辞書とも。日本では国語辞典がこれに当たり、外国語では英英辞典などが相当する。⇔二言語辞書

いちごましまろ
【苺ましまろ】

作品 ばらスィーの漫画作品。小学生の千佳、美羽、茉莉、アナと、千佳の姉・伸恵の日常を描くギャグ漫画。実在のアイテムが作中に出てくるのも特徴で、第5巻所収の第44話「みんなの名前」には『広辞苑』第4版が登場。それぞれの名前の意味を辞書を引いて調べる話で、『広辞苑』の語釈が引用されるのみならず、その紙面が手書きで完璧に再現されている。机にある『広辞苑』が『中耳炎』になっていたこともある。

いちのせき
【一関】

岩手県南端の市。大槻文彦の祖父・大槻玄沢の生地。市博物館は『言海』『大言海』の初版本や『大言海』の底稿など文彦ゆかりの品を所蔵し、業績を紹介する展示も常設。市立一関図書館では、小学生が辞書編纂を体験し、『大言海』をもじった『小言海』としてまとめる講座を開くなど、文彦にちなんだ事業に取り組んでいる。一ノ関駅前には、文彦、文彦の父の磐渓、玄沢の「大槻三賢人像」も建つ。

いちむらひろし
【市村宏】

人物 (1904-1989) 国語学者、歌人。1926年から冨山房辞書部に勤め、橋本進吉に辞書編纂を依頼し断られたという経験もある。1948年から、岩波書店の紹介で『広辞苑』初版の編集主任を務め、新村出に成り代わり原稿の執筆などを行った。歌集『東遊』には、「集めたる二十万語を追い究め疲るともなき日々が続けり」「わが生の何分の一に当らむか広辞苑に投じしこの年月や」など、『広辞苑』編纂の苦労を詠んだ歌も収められている。

いちらんせい
【一覧性】

辞書学 ある項目を辞書で引いたときに、項目全体の見通しが利いたり、まわりにある項目の情報まで把握できたりする度合い。紙辞書とデジタル辞書を比較する話になると、必ずと言っていいほどデジタル辞書に一覧性が不足していることが槍玉に挙がる。デジタル辞書でも一覧性改善の試みは行われており、物書堂の辞書アプリのインデックス機能や、『エースクラウン英和辞典』第2版アプリで全項目を連続的に表示する仕様などがある。でも、そんなに一覧性が大切なら、紙辞書並みの一覧性を実現できるデジタル辞書を大画面の機器で早く作ったらいいのに。

（一覧性）

いっさつもの
【一冊もの・一冊物】

辞書学 1冊で完結するたぐいの書物。『日本国語大辞典』のような多巻本と対比して、1冊持っていれば間に合うという意味合いで、中型辞典などの説明に登場する。

用例「─の国語大辞典」

いっぱんご
【一般語】

辞書学 単語のうち、日常生活で誰もが用いる、ごく普通の語。典型的な国語辞典の見出し語の対象となる語。「百科語」に対していう。参考 ➡ 普通語、国語項目

いのうえひさし
【井上ひさし】

人物 (1934-2010) 作家、劇作家。『吉里吉里人』『國語元年』など、言葉に対する鋭い視線に根差した傑作を残した。辞書にも造詣が深く、多くの論評がある。中学3年生になった1949年以降、亡父の蔵書であった実用辞典を常用しており、また仙台一高時代には図書室で『言海』を引いていた。国立釜石療養所に勤めていた1955年、報告書の執筆に役立つ辞書が必要となり、出たばかりの『広辞苑』を購入。そのとき初めて日本語というものを実感したという。また、自身の『広辞苑』第2版補訂版の机上版や『岩波国語辞典』第3版には、他の資料から必要なことを大量に書き写していた。『岩波国語辞典』の「右」の語釈を見いだし、高く評価した人物でもある。戯曲『国語事件殺人辞典』では、理想の国語辞典を作ろうとする国語学者を描い

た。参考 ➡ 角川必携国語辞典、▽（さんかく）注記、無人島

（井上ひさし）

いみ
【意味】

辞書学 言葉が持つ情報のうち、思考を伝えたり、対象を指し示したりするもの。万人向けの辞書の語釈では、なるべく広い範囲で通用するゆとりがありつつ、他の語と区別がつくほど的確、という最大公約数的なレベルをねらって、典型な用例①から帰納して意味を書き表す。詳しく書きすぎると、読者が膝を打つような鋭さがある一方で、限定的になりすぎたり、かえって外したものに感じられたりする。また、語釈の対象自体の描写もあるのが親切だが、まずはその対象をどう見ているときにその語を用いるかという条件が記述されていることが望ましい。

（芋辞書）

残念なモノを
なんでもかんでも芋に
例えるのは失礼よな

そうだ
そうだ
我々はうまいんだぞ

いもじしょ
【芋辞書】

俗語 できの悪い辞書。焼き芋辞書とも。山田忠雄が『新明解国語辞典』初版の序文で「先行書数冊を机上にひろげ、適宜に取捨選択して一書を成すは、いわゆるパッチワークの最たるもの、所詮、芋辞書の域を出ない」とこき下ろし、本文でも「大学院の学生などに下請けさせ、先行書の切り貼りででっち上げた、ちゃちな辞書」と説明していたことで有名。学生が原稿料で焼き芋を買ったことから出た名だとも言われるが、「芋侍」「芋助」などのけなし言葉と同じ用法であろう。

いろはじるいしょう
【色葉字類抄】

古辞書 音による排列を初めて行った平安末期の国語辞典。橘忠兼が編纂し、12世紀中頃に2巻で成立。12世紀後期に増訂され3巻となった。それとは別に、鎌倉期末期までに大幅な増補を受け、10巻本『伊呂波字類抄』となった。排列は、まず先頭の音によっていろは順で47編に分けてから、意味で分類する2段階方式。節用集など後の辞書に大きな影響を与えた。

いわこく
【岩国】

略称 『岩波国語辞典』の略称。

いわなみこくごじてん
【岩波国語辞典】

辞書 岩波書店が刊行する小型国語辞典。略称、岩国。初版1963年。最新版は2019年の第8版で、項目数6万7000。単なる言い換えを避けた、語の基本的意味を明らかにする語釈が特徴。辞書のページを用いて説明した「右」の語釈はとりわけ有名。多角的な補足説明を示す「▽〈さんかく〉注記」にも、井上ひさしをはじめ愛好者が多い。1954年に計画が立案され、戦争などで編集が中断していた橋本進吉の国語辞典の共編者であった西尾実が、改めて委嘱され編纂。橋本の教え子で、橋本の辞書の準備研究にも参加していた岩淵悦太郎も編者に加わった。水谷静夫は、漢字母を見出しとすることや「▽注記」を発案するなど、初版以来中心的な役割を果たし、西尾・岩淵没後の第4版からは全責任を負う立場となった。第6版では横組み版も刊行。また同版から水谷の教え子の柏野和佳子、星野和子、丸山直子が編集に参加し、水谷没後の第8版では編者。現在、Google検索で「○○ 意味」などと検索すると表示される語釈は、第7版新版の抜粋である。参考 ➡ 誤謬、読者、平木靖成、増井元

（岩波国語辞典）

岩波
国語
辞典

いわなみしょてん
【岩波書店】

出版社　東京都千代田区に本社を置く出版社。1913年、岩波茂雄が古書店として創業し、翌年には出版業を開始。1955年、博文館から引き継ぐ形で『広辞苑』を刊行して国語辞典に参入。『広辞苑』の普及は、「岩波文化」という言葉も生んだ同社の知識人からの信頼に負うところも大きい。1963年には小型の『岩波国語辞典』も刊行。この他に数多くの各国語辞典や専門事典を刊行している。　参考 ➡ EPWING、平木靖成、増井元

いわぶちえつたろう
【岩淵悦太郎】

人物　(1905-1978) 国語学者。国立国語研究所の2代目所長を務めた。橋本進吉の教えを受け、戦時中、橋本と西尾実の共編で企画が進んでいた国語辞典の編集会議に参加。企画は頓挫するが、戦後改めて国語辞典の編纂を委嘱された西尾に請われ、『岩波国語辞典』の編者に加わった。1963年の『大日本図書国語辞典』でも単独で著者の肩書き。『岩波国語辞典』も『大日本図書国語辞典』も国立国語研究所の所員が中心となって編んだ辞書であるが、岩淵は担当者が一生辞書から離れられなくなることを懸念し、国立国語研究所内では辞書編纂に着手しなかった。著書に『現代の言葉』『語源散策』『語源のたのしみ』『国語史論集』ほか多数。　参考 ➡ 林大

インクリメンタルサーチ

デジタル　〔incremental search〕デジタル辞書で、検索キーワードを入力するのに合わせて検索結果を次々と表示する機能。逐次検索とも。「検索」ボタンを押す前から候補が表示されるので、検索にかかる時間が短縮される。

インターナショナルジャーナル
オブレクシコグラフィー
【International Journal of Lexicography】

書名　辞書学の査読つき学術雑誌のひとつ。略称、IJL。1988年に発刊されたEURALEX（欧州辞書学会）の学会誌で、オックスフォード大学出版局から年4回発行される。ヨーロッパをはじめ世界中の研究者が、辞書の編纂法や意味分析の方法、辞書の使用状況に関する実験報告など多彩な論文を掲載する。辞書学の学術誌には他にもDSNA（北米辞書学会）の『Dictionaries』などが存在する。

（インディアペーパー）

インディアペーパー

辞書学　〔India paper〕辞書や聖書でよく用いられる、ごく薄くて裏抜けしにくい

紙。インディアンペーパー。インディア紙。日本では、三省堂の創業者である亀井忠一が国産化を切望し、依頼を受けた王子製紙が製造に成功。1923年の『袖珍コンサイス和英辞典』で初めて用いられたが、初版本は関東大震災でほとんど焼失してしまった。巻きタバコに用いるライスペーパーとよく似ており、戦時中の物資不足の折にはしばしば辞書のページがちぎられ巻きタバコにされたという。 参考 ➡ ぬめり感

インデックス

〔index〕㊀ 辞書学 つめに同じ。㊁ デジタル ①インデックス機能。物書堂の辞書アプリで使える、格子状の画面。ジャンルやカテゴリーを選ぶと、その全項目が平面的に排列され、地図を眺めるように項目を引ける。iPhone 3GのCMでは『大辞林』アプリのインデックス画面が大きく登場した。のちにロゴヴィスタの国語辞典アプリでも同じ機能が登場。②インデックスサーチ。ビッグローブの辞書アプリで使える、紙辞書を小口側から見たイラストの画面。つめを見ながら紙辞書を開くように項目を引ける。

（インデックス）

ウィキペディア

デジタル 〔Wikipedia〕ウィキメディア財団が運営する、ユーザー参加型のオンライン百科事典。記事の閲覧、作成、編集を誰でも自由に行える点が特徴。ジミー・ウェールズとラリー・サンガーが2001年1月に英語版を発足させた。日本語版は同年5月に開設され、2016年に100万項目を達成した。2020年現在300以上の言語で書かれ、世界全体では5000万を超える項目を掲載。一般の辞書と違って統括する編集長がいないため、分野ごとに充実度に差があり、専門家顔負けの項目と信用するに足らない項目が混在する。 参考 ➡ ウィクショナリー

ウィクショナリー

デジタル 〔Wiktionary〕ウィキメディア財団が運営する、ユーザー参加型のオンライン言語辞書。2002年開設。ウィキペディアと同様の仕組みを持ち、153言語で稼働している。日本語版は2020年現在、約25万項目を収録。一言語辞書（国語辞典）、二言語辞書、漢和辞典、類語辞典を足したような内容。ウィキペディアと比べると発展の余地が未だ大きい。

うえだかずとし
【上田万年】

人物 （1867-1937）国語学者。ヨーロッパから言語学を日本に取り入れ、国語学を確立。明治の国語政策にも深く関与した。早くから辞書を論じ、1889年「日本大辞書編纂に就きて」で国家には国語辞典が必要だと述べた。ヨーロッパ留学から帰国した1894年に帝国大学博言学教授に就任。同年の講演「言語学者としての新井白石」は、一高生だった新村出が聞きに来ており進路を決定づけた。古い辞書を研究した先駆者で、弟子の橋本進吉との共著に『古本節用集の研究』（1916年）。辞書の編者としては、著書に『ローマ字びき国語辞典』、共著書に『大日本国語辞典』とされる。

（上田万年）

ウェブスター

一 人物 〔Noah Webster〕（1758-1843）辞書編纂者。誕生日の10月16日はアメリカで「辞書の日」として記念される。愛国主義者で、独立戦争に参加し、イギリスからの言語面での独立を重視したが、辞書づくりはサミュエル・ジョンソンの強い影響下にあった。聖書に次ぐベストセラーとまで言われた『綴字教本』発行後、1800年頃に辞書編纂を構想し、1806年に『簡約英語辞典』をもたらした。1828年には大型の『アメリカ英語辞典』（いわゆる『ウェブスター英語大辞典』）を完成し、アメリカの英語辞典の基礎を築いた。これを元にジョゼフ・ウースターが編纂し刊行された簡略版は、よく普及した。なお、ウースタ

ーが自分の辞書を刊行した際、ウェブスターは語釈の引き写しを巡って争い、「辞書戦争」と呼ばれた。【三】 辞書 〔Webster〕ウェブスター【二】の編んだ辞書。英語では辞書の代名詞となり、商標権を失ったためウェブスターとの関わりがなくとも書名に「Webster's」と付けられる。正統な後継はメリアム社の『Merriam-Webster』系列。1857年の通称「ロイヤル・オクタボ版」は大槻文彦の手に渡り、内容は『英和大字典』『言海』の編集方針に取り込まれた。斎藤精輔、高橋五郎、西村茂樹、福沢諭吉といった当時の知識人も、ウェブスターの辞書を手にしている。

ウェブリオ

デジタル 〔Weblio〕オンライン辞書事業やオンライン英会話事業などを手がける企業。2005年、デルフォイとして設立し、2006年から現社名。提供するオンライン辞書である「Weblio辞書」では、国語辞典である『デジタル大辞泉』をはじめ、出版社のほかさまざまな企業や個人が作製した辞書や専門用語集を串刺し検索することができる。 参考 ➡ 実用日本語表現辞典

うめかよ
【梅佳代】

人物 (1981-) 写真家。2006年、初の写真集『うめめ』がヒットし、翌年『うめ版 新明解国語辞典×梅佳代』を刊行。微笑ましい写真に『新明解国語辞典』のユニークな語釈が添えられた、何ともユーモラスな写真集である。

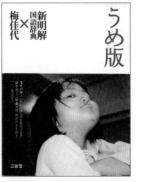

梅佳代
『うめ版　新明解国語辞典×梅佳代』
2007、三省堂

うんぽいろはしゅう
【運歩色葉集】

古辞書 室町期の国語辞典。著者不詳。16世紀中頃に成立。2巻本と3巻本がある。排列は節用集と同じく先頭の音により行うが、用途は節用集と異なり、語の意味を理解するためのもの。1万7000項目余りを収め、当時の辞書としては多かった。

えいじろう
【英辞郎】

辞書 デジタル 翻訳家・通訳者のグループ「EDP（Electronic Dictionary Project）」が編纂する英和・和英辞書データベース。2002年からCD-ROM版がアルクから発売され版を重ねているほか、同社運営の「英辞郎 on the WEB」でオンライン辞書として無料で引ける。市販の辞書と異なり出版社や監修者の校閲を経たものではないようだが、かなりマイナーな用語にも対訳を載せ、例文が非常に多いといった特長がある。

エイトック
【ATOK】

デジタル ジャストシステムによる日本語入力システム。1985年に開発されバージョンを重ねている。漢字変換時に、同音語の使い分けがユーザーにとって問題になるため、以前から変換候補に意味を表示する機能があった。2003年、ATOK16が『岩波国語辞典』『研究社新英和・和英中辞典』を搭載して、入力時に引けるようになった。翌年のバージョンでは『明鏡国語辞典』が使えるようになり、以降『広辞苑』「スーパー大辞林3.0」『デジタル大辞泉』『新明解国語辞典』『三省堂国語辞典』『精選版日本国語大辞典』が入れ代わり立ち代わり提供されるようになった。

エービーシーりゃくご
【ABC略語】

辞書学 ある語のアルファベットの頭文字や、それ以外の一部分をとるなどして、もとの語より短くした語。アルファベット略語。「GNP」「XL」「JK」など。縦書きにそぐわないことや、読みがわからなければ引けないこと、もっぱら表記にのみ使われ発音が定まっていないものがあるといった事情からか、国語辞典では「ABC略語集」などとしてアルファベット順で巻末や別冊の付録にまとめられることも少なくない。便宜的に、「iPS細胞」のようにアルファベットのあとに仮名や漢字がつくもの、「3D」のように数字と組み合わせるもの、うずくまる姿を模した「orz」のようにそもそも略語でないものが収められることもある。

エクスワード
【EX-word】

デジタル カシオが1996年から展開する電子辞書のブランド。第1号機は「XD-500」。販売台数で業界を牽引する。2008年にはメインの液晶タッチパネルに加えキーボード下に手書きパッドを搭載した「ツインタッチパネル」モデルを発売。最新のWi-Fi対応の機種では、無線でコンテンツを追加することができる。ハイエンドモデルでは『精選版日本国語大辞典』が利用できるのも特色。

えじてん
【絵辞典】

辞書学 言葉だけでなく挿し絵を使って説明する辞書。それまで経験した物事と見出し語がイラストによって結びつきやすくなるため、学習者用や幼児用が多い。語釈が全くないものと簡単な語釈がつくものとがあり、後者には『学研ことばえじてん』、『角川ことばえじてん』、『くもんのことば絵じてん』、三省堂『こどもことば絵辞典』、『小学館ことばのえじてん』などがある。

エックスエムエル
【XML】

デジタル 〔eXtensible Markup Language〕デジタル辞書の内容を格納するデータ形式。タグと呼ばれる標識を用いて、データを構造化して記述できる。見出し語、表記、語釈、用例といった項目内の要素をタグで指定するが、辞書によって異なるこれらの要素をカスタマイズできるため、様々な種類の辞書に対応でき拡張性に富む。また、

内容のデータなので、同じデータから紙辞書、オンライン辞書など媒体に適した形で柔軟な出力・表示ができる。 参考 ➡ LeXML（レクスエムエル）

えどしぐさ
【江戸しぐさ】

有名項目 江戸の人々が実践していたとされるマナーの総称。歴史的な事実ではなく、1980年代以降に現れた創作である。ところが一時期、『大辞林』のデジタル版に「肩引き」「傘かしげ」など具体的なマナーの呼び名とともに立項され、史実であったかのように説明されていたことがある。これらはその後のバージョンで削除された。『三省堂国語辞典』第7版でも一度は項目の候補となっていたが、古い文献が見当たらないことなどから立項は見送りとなった。

（江戸しぐさ）

エルジービーティー
【LGBT】

有名項目 〔Lesbian, Gay, Bisexual, Transgender〕『広辞苑』の語釈をめぐり問題となった語。『広辞苑』は第7版で「LGBT」を立項し、「多数派とは異なる性的指向をもつ人々」と説明。しかし、これでは性自認に関わる「T〔＝トランスジェンダー〕」についての記述が抜けていると指摘された。編集部は誤りを認め、ホームページで公表するとともに、語釈を訂正したカードを配付。第2刷から本文も修正された。

おいこみ
【追い込み】

辞書学 項目の末尾から、改行せずに次の子項目をつなげる〔＝追い込む〕こと。ある語を用いた成句や複合語などの説明を、その語の語釈につなげた追い込み項目で行う辞書が多い。紙幅を節約できる反面、子見出しがやや見つけにくくなるため、学習辞典などでは避けるものも。

じしょ【辞書】言葉を多数集めて解説した本。―アプリ【辞書アプリ】スマートフォンなどでデジタル辞書が引けるソフトウェア。―がく【辞書学】辞書を研究する学問。―けい【辞書形】日本語教育において、動詞の終止形をいう語。―のひとつ。―ろん【辞書＝かがみろん】辞書のあり方についての理論のひとつ。

（追い込み）

おうこく
【旺国】

略称 『旺文社国語辞典』の略称。用例 「―民〔＝俗に、『旺文社国語辞典』の愛用者〕」

おうだんけんさく
【横断検索】

デジタル ➡ 串刺し検索

おうぶんしゃ
【旺文社】

出版社 学習参考書や受験情報誌の『螢雪時代』などで知られる、東京都新宿区に本社を置く出版社。1931年、欧文社として創業し、1942年に現社名に改める。1940年の『エッセンシャル英和辞典』以来、多数の辞書を刊行する辞書出版社であり、現在は国語辞典では『旺文社国語辞典』『旺文社標準国語辞典』、古語辞典では『旺文社古語辞典』『旺文社全訳古語辞典』、漢和辞典では『旺文社標準漢和辞典』、外国語辞典では『オーレックス英和辞典』『マイスタディ英和・和英辞典』『プチ・ロワイヤル仏和辞典』を発行している。しばしば名前の似ている昭文社と間違われる。

おうぶんしゃこくごじてん
【旺文社国語辞典】

辞書 旺文社が刊行する小型国語辞典。略称、旺国。古語や固有名詞、さらに主要な和歌・俳句なども立項し、最新の第11版（2013年）では項目数8万3500。類義語の使い分けや敬語にも詳しい。『中学国語辞典』（1954年）、『国語総合辞典』（1955年）、『掌中国語辞典』（1957年）の語釈や項目を引き継ぎ、1958年に『学生国語辞典』として成立。1960年に付録を増補の上改題し現在に至る。監修者（1980年の新版以降は編者）は守随憲治、今泉忠義、松村明（1970年の改訂新版から）、山口明穂（1986年の改訂新版から）、和田利政（同）、池田和臣（第11版から）。1998年の第9版はCD-ROMが付属したバージョンも刊行された。第11版では多義語に「中心義」を新設、その核となる意味を説明する。◆（第10版では▽）記号以下の雑学コラムも読ませる。

（旺文社国語辞典）

おうぶんしゃしょうかいこくごじてん
【旺文社詳解国語辞典】

辞書 1985年に旺文社から刊行された小型国語辞典。山口明穂、秋本守英編。項目数4万4000。単なる言い換えを避け、類義語とのニュアンスの違いも明確にした詳しい語釈が特長。すべての語義に必ず用例を示しているのは国語辞典では唯一。松井栄一や増井元も高く評価した通好みの辞書であるが、マイナー辞書の地位に甘んじ絶版。

おうぶんしゃひょうじゅんこくごじてん
【旺文社標準国語辞典】

辞書 旺文社が発行する中学生向けの国語辞典。初版1965年。最新版は2011年刊の第7版で、項目数4万7000。古語、和歌、俳句を収めていることは『旺文社国語辞典』と同じ。コラム「学習」では、類義語の使い分けや比較を示す。有名な作品名の項目には冒頭文も掲載する。言葉に関する様々な知識をまとめた図表「ことばの要点」は出色。2020年12月、第8版が発売予定。

オーイーディー
【OED】

辞書 略称 〔Oxford English Dictionary〕世界最大の英語辞典『オックスフォード英語辞典』の略称。1857年、イギリスの言語学会が記述主義の大辞典を企画。英語のすべての語・用法の初出と変遷を明らかにするという野心的な目標を立て、一般国民からも用例を募集する国家的な事業として進行した。1879年にジェームズ・マレーが参加して作業が進展。当初、4巻を10年で編む予定だったが、結局『歴史的原則に基づく新英語辞典』(NED)の題で第1巻を1884年に出してから、1928年の最終巻第12巻刊行まで40年以上かかった。1933年、補遺の刊行時に『オックスフォード英語辞典』に改称。1989年、第2版が刊行され、1992年にそのCD-ROM版が刊行。2010年、紙辞書としては継続しないことを宣言し、有料のオンライン辞書に移行した。随時更新され現在は60万項目を擁する。参考 ➡博士と狂人

おおがた
【大型】

辞書学 項目数による国語辞典の分類で、規模の大きいもの。特に多巻本を言い、現行の大型国語辞典は全13巻と別冊1巻からなる50万項目の『日本国語大辞典』第2版のみ。かつて出ていた大型辞典には、4巻本『大日本国語辞典』、4巻本『大言海』、6巻本『言泉』□、26巻本『大辞典』□がある。『広辞苑』『大辞林』などは大型と呼ばれることもあるが、慣例的には中型に分類する。

おおがたばん
【大型版】

辞書学 内容はそのままに、活字・判型を大きくしたもの。机上版。現行の国語辞典では、『広辞苑』が「机上版」、『新選国語辞典』が「ワイド版」、『三省堂国語辞典』『新明解国語辞典』が『大きな活字の三省堂国語辞典』『大きな活字の新明解国語辞典』を刊行している。⇔小型版

おおぎりん
【大喜林】

テレビ 架空辞書 2020年7月、NHK総合テレビで2度にわたり放送されたテレビ番組。副題「アノコトなんて呼ぶ?」。また、そこに登場する架空の国語辞典。「靴の中に1個だけ小石が入る」など、「あるある」だけど名前がついていない現象に、出演者が大喜利形式で名前をつけていく。飯間浩明が判定員を務め、優秀な名称は『大喜林』に掲載されるという設定。

おおつきじょでん
【大槻如電】

人物 (1845-1931) 英学者。名は「にょでん」とも。通称は修二。大槻文彦の兄。1872年、文部省入省。漢字節減のための漢字辞書『新撰字書』編纂を他の洋学者らと担当するが、刊行されなかった。1875年、文彦に家督を譲り、研究・著述に専念した。博学で知られ、著書に『日本地誌要略』『新撰洋学年表』など。文彦亡き後、『言海』増補改訂の事業を引き継ぎ、関根正直、新村出、大久保初男に託して、文彦と同じく刊行前に亡くなった。

おおつきふみひこ
【大槻文彦】

人物 (1847-1927) 英学者、国語学者、近代国語辞典の創始者。祖父は、杉田玄白・前野良沢の弟子で蘭学者の祖である大槻玄沢。大槻如電の弟。漢学者・大槻磐渓の子として生まれる。開成所(のちの東京大学)で英学を学び、横浜で米英人から英語を習得したのち、1872年に文部省入省。字書取締掛を申し渡され『英和大字典』の編纂に当たる。完成しなかったが、この際の『ウェブスター英語大辞典』の研究が『言海』の近代的構成に生かされる。1875年、西村茂樹の命で『言海』編纂開始。合わせて、文法書「日本文典」を作成。玄沢の「およそ、事業はみだりに興すことあるべからず、思い定めて興すことあらば、遂げずばやまじ、の精神なかるべからず」という遺訓を胸に貫徹した。1889年から1891年にかけて『言海』を印刷・刊行。1897年、文法書『広日本文典』出版。1900年から上田万年が

発足させた国語調査委員会の委員となり、国語としての日本語づくりに力を注いだ。1912年、冨山房・坂本嘉治馬の依頼で『言海』の増補改訂を始めた。国語調査委員も辞して改訂に全精力を注ぎ、特に語源の探求に集中した。1928年、肺炎で死去。のちの『大言海』となる改訂原稿は「さ行」まで完成していた。戒名は言海院殿松音文彦居士。参考 ➡ 一関、言葉の海へ、みちのく伊達政宗歴史館、露命

（大槻文彦）

おおのすすむ
【大野晋】

人物 (1919-2008) 日本語学者。橋本進吉に師事し、古代日本語の研究に取り組んだ。一般には『日本語練習帳』の著者として知られる。西尾実の推薦で『広辞苑』初版の編纂に参加し、文法関係の整理に従事。いわゆる「夏の陣」に呼び出された際には基本語の扱いが粗略であることを指摘し、刊行直前まで竹内美智子らとともに基本語約1000語の語釈の全面的な書き直しにあたった。自身の研究の成果を反映した『岩波古語辞典』『角川必携国語辞典』『古典基

礎語辞典』などの特色ある辞書も編んだ。
著書に『日本語と私』など。

オールカラー

辞書学 印刷に全色を用いていること。フルカラー。国語辞典では、20世紀末に『日本語大辞典』『大辞泉』が立て続けにオールカラーの図版を採用。その後は続かず途絶えたかに見えたが、2015年に『新レインボー小学国語辞典』第5版がオールカラーを採用。『チャレンジ小学国語辞典』『例解学習国語辞典』『例解小学国語辞典』も続々とカラー化に踏み切り、小学国語辞典はオールカラーが主流になっている。学習辞典での配色には、色覚バリアフリーなどの配慮も欠かせない。 参考 ➡ 二色刷り

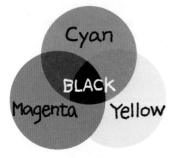

（オールカラー）

おおわだたけき
【大和田建樹】

人物 (1857-1910) 国文学者、詩人。「鉄道唱歌」の作詞者として知られる。日用の国語辞典『日本大辞典』『日本小辞典』を著した。名前は「たけき」であるがしばしば「たてき」と読み間違えられ、かの『日本国語大辞典』の初版も「おおわだたてき」で立項していた。見坊豪紀は大和田の旧宅の生まれ。

おかしげお
【岡茂雄】

人物 (1894-1989) 出版人。関東大震災後、文化人類学書専門の岡書院、山岳書専門の梓書房を興し、南方熊楠や柳田國男らと交流を持った。新村出とは柳田の紹介で出会い、1930年、国語辞典の編纂を依頼。これが後の『辞苑』となる。1933年の新村の講演「日本辞書の現実と理想」も企画。『辞苑』の規模が大きくなり博文館に移譲された後も、人事や庶務、博文館との交渉などを引き続き担った。著書『本屋風情』など。

おきてがみきょうこの
びぼうろく
【掟上今日子の備忘録】

作品 西尾維新のミステリー小説。寝ると記憶を失ってしまう探偵の掟上今日子が数々の事件に挑む。新垣結衣主演のテレビドラマ版第2話 (2015年10月17日放送) には、架空の辞書『超語泉』第5版が登場。「厄」の語釈が引用されたが、『大辞泉』の語釈を改変したものらしい。

おきもりたくや
【沖森卓也】

人物 （1952-）日本語学者。『ベネッセ表現読解国語辞典』の共編者、『三省堂五十音引き漢和辞典』、『三省堂常用漢字辞典』の編者。辞書に関する著作が多く、編書に『図説　日本の辞書』、『図説　近代日本の辞書』。共編書に『日本辞書辞典』。編著に『日本語史』ほか。

おくづけ
【奥付】

辞書学 本の末尾にある、書名、著作者名、出版社名、版数、刷数、印刷所名、印刷年月日、発行年月日などを書いた部分。1949年の出版法廃止で法的な義務付けはなくなったが、慣行として続いている。辞書では無視できない版数、刷数を確かめる重要な箇所。古本だと欠けていることもあってがっかりすることもしばしばである。三省堂の辞書では、奥付のページの〈　〉内に書名の略称が示されているのにも注目。

辞書は知らないけど
書籍の発行年月日って
実際より遅めなのよね…

古本を
先のばしする
ため

版元比…おそろしい…

（奥付）

おくりがな
【送り仮名】

辞書学 和語に漢字を当てるとき、その読み方をはっきりさせるため、漢字の後に添える仮名。現在、そのよりどころとしては内閣告示「送り仮名の付け方」があり、用字用語辞典の役割を兼ねる多くの国語辞典ではこれに従っている。「送り仮名の付け方」には、原則的な本則・例外のほか、許容の形も示されており、許容をどのように扱うかは辞書によって揺れがある。また、「送り仮名の付け方」は常用漢字についてのものであるので、表外の字や音訓の送り仮名も各辞書の判断によっている。なお、「送り仮名の付け方」は個々人の表記を制限する性質のものではなく、どのように送るかは本来自由である。『日本国語大辞典』は送り仮名を一切示していない。

おちあいなおぶみ
【落合直文】

人物 （1861-1903）歌人、国文学者。浅香社を結成し短歌革新を唱えたことで知られる。国語辞典『ことばの泉』の編者。

参考 ➡ みちのく伊達政宗歴史館

おのまさひろ
【小野正弘】

人物 （1958-）国語学者。国語史が専門。2011年の『三省堂現代新国語辞典』第4版に編者として加わり、2015年の第5版から主幹。三省堂の「今年の新語」では同書主幹として初回から選考委員を務める。編著に『日本語オノマトペ辞典』、著書に『オノマトペがあるから日本語は楽しい』『感

じる言葉 オノマトペ」など。

おやがめ
【親亀】

俗語 ある辞書が引き写した先行辞書を指す語。お笑いトリオのナンセンストリオが流行らせたフレーズ「親亀の背中に子亀をのせて、子亀の背中に孫亀のせて、孫亀の背中に曽孫亀のせて、親亀こけたら子亀、孫亀、曽孫亀こけた」に由来するたとえで、『暮しの手帖』が辞書批評の特集において先行辞書の誤りを後の辞書がそのまま引き継いでしまうという文脈で用いたことによる。『新明解国語辞典』初版が補注で「国語辞書の安易な編集ぶりを痛烈に批判した某誌の記事から、他社の辞書生産の際、そのまま採られる先行辞書にもたとえられる。ただし、某誌の批評がことごとく当たっているかどうかは別問題」と饒舌に書いているのも有名。

（親亀）

おやじ
【親字】

辞書学 漢和辞典で見出しとした漢字1文字のこと。その下に、その親字を先頭に持つ熟語を列挙するのが普通。最初の近代的漢和辞典である1903年の『漢和大字典』では、逆にその親字が末尾にくる語を並べていた。

おやみだし
【親見出し】

辞書学 辞書の見出しのうち、子見出しを持つもの。例えば、国語辞典で「言葉」という項目を引くと、まず見出し語自体の語釈があり、続けて「言葉が過ぎる」や「言葉遊び」「言葉典」など、見出し語で始まる慣用句・ことわざ・複合語の項目が連なる。このとき、それらを束ねる「言葉」が親見出しとなる。

おりかえし
【折り返し】

辞書学 語釈末尾の何文字かを、隣接する項目の余白に押し込めること。折り曲げとも。紙幅を節約したり、増補・改訂時に追加項目が収まるよう行数を捻出したりするための工夫。多用すると紙面が読みにくくなるのが欠点で、最近の辞書ではあまり見られない。

> **おり かえ・す**【折り返す】□（他五）□（薄いもの）の端を）折って、二重になるようにする。□（自五）①来た行程へ戻る。②（電話や手紙で）すぐに返事する。
>
> **おり かえし**【折り返し】□折り返すこと。□辞書で、最後の行の文字を隣の行に折り入れること。
>
> **おり かがみ**【折り屈み】行儀作法。
>
> **おり かさな・る**【折り重なる】（自五）多くのものが重なり合う。
>
> **おり かさね・る**【折り重ねる】（他五）折りたたんで、重ね合わせる。

（折り返し）

おんくんりょうびき
こっかんじてん
【音訓両引き国漢辞典】

辞書 三省堂から1955年に刊行された小学生向けの国語・漢和辞典。三省堂編修所編。和語・漢語を問わず熟語の上部を構成する要素を親見出しとし、動詞は「聞き」「受け」のように連用形で立項するなどかなりユニークなつくり。山田忠雄が主幹につき編んだ最初の辞典で、後の『新明解国語辞典』にも通ずる切れ味鋭い語釈がすでに見える。後に『三省堂国語辞典』初版と『新明解国語辞典』に関わる酒井憲二も編集を手伝った。1962年増補版、1967年増補新装版。1987年、『電話帳式に引ける国語・漢和辞典』に改題。

おんこちしんしょ
【温故知新書】

古辞書 五十音順による排列を初めて行った室町期の国語辞典。大伴広公著で、1484年成立。3巻に1万3000項目を収める。排列は、まず先頭の音によって五十音で分けてから、意味で分類する2段階方式。

オンラインじしょ
【オンライン辞書】

デジタル インターネット上にあり、ブラウザでアクセスするデジタル辞書の総称。ネット辞書、ウェブ辞書とも。古くから辞書的なウェブページとしては、個人が余暇に作るものや、商業出版では採算が見込めない趣味性の強いものが百出してきたが、近年は紙辞書を電子化したりした大規模なサービスも広く出回る。そのようなサービスは「ジャパンナレッジ」「研究社オンライン・ディクショナリー」など有料のものと、「goo辞書」「エキサイト辞書」「コトバンク」「Weblio辞書」「ウィキペディア」「ウィクショナリー」など無料のものに分かれる。特殊なタイプとして「三省堂デュアル・ディクショナリー」は紙辞書の購入者のみが使える。形態は、Googleで検索結果に現れる語釈といった例外を除き、複数の辞書を串刺し検索できるポータルサイトが主流。「三省堂 Web Dictionary」のように版元が直接運営する場合と、「コトバンク」のように別企業が版元にロイヤリティを支払い辞書データを使用して運営する場合があるほか、既存の辞書によらず使用者ら自身の手で作る「ウィキペディア」「ニコニコ大百科」などの形態はインターネットならでは。オンライン辞書は、ネットに繋げれば端末を問わず使えるのが魅力で、改訂が随時行われることは長所にも短所にもなりうる。また、検索されたキーワードや項目ごとのアクセス数など、なまの使用状況が記録でき、編纂者にとっては改訂のための重要な糧となる。一般に、インターネット上の情報は信用できないとよく言われるが、出版社が責任を持って作る『デジタル大辞泉』『精選版日本国語大辞典』などが引ける無料オンライン辞書も存在する。そのため一概に切り捨てるよりは、玉石混交であることを理解し、出典の表示を確認しながら上手に付き合いたい。

『新明解国語辞典』の作り方

2020年11月、9年ぶりの改訂となる『新明解国語辞典』
第8版が発売されました。その編集はどのように行われたのか？
その実態に迫るべく、2020年9月某日、辞書の「聖地」ともいえる
三省堂にお邪魔して徹底取材させていただきました。

お答えくださったのは辞書出版部部長の山本康一さんと、ベテラン編集者で現在は嘱託の吉村三惠子さん（写真）。吉村さんは三省堂に入って以来ずっと『新明解国語辞典』の編集を担当されています。入社当時は第3版の改訂作業中で、山田忠雄先生もご存命の頃。毎週、山田先生のご自宅へ訪問して打ち合わせをしていたそうです。まさに『新明国』の生き字引！

辞書編集者は
最後まで大忙し

辞書の編集にはスタッフが大勢つくのでは？　というイメージがあるかもしれません。実際には、三省堂の小型国語辞典は1冊につき数名の編纂者（著者）に対して編集担当者ひとり、の座組みが普通だそう。その中で、編集者はディレクターのように全体を切り盛りします。項目の選定や語釈の執筆は編纂者の役目ですが、編集者は、編纂者に仕事を割り振ったり、校正刷りが出来上がるたびに編纂者に内容を確認してもらえるよう手配したりと、重要な任務があります。

取材は編集作業の終わった時期に伺ったので、編集部はもうお暇な頃かとも思っていましたが、甘かった。本の制作自体に関する仕事が終わっても、することがてんこ盛りで1か月は休めないとか。販促物の作成、取材の対応や、印刷所から最終段階での処理を求められるケースもあって、「モノができてくるまでは気が緩められない」ということでした。

辞書編集部で見つけた
スタンプからもわかる
飽くなき品質の追求

　お邪魔した編集部の作業机には、『新明国』の校正刷りが山と積まれています。編集作業の終盤には、初校、再校、3校……と、内容をブラッシュアップした校正刷りが次々出てきて、新たな修正指示を書き込んでいくのですが、その工程ごとの履歴が保管してあります。

　通常の書籍はだいたい再校まで。つまり校正は2回で終わりです。でも、ミスの許されない辞書の場合は4校、5校は当たり前。校正刷りの山は厳しい品質管理の証というわけです。『新明国』編集部と同じフロアにある山本さんの『大辞林』編集部で拝見したスタンプも「五校」まであります。ついでながら、「金田一」「松村校」「日国大」などのスタンプも発見。どのように使われていたものかと思いを馳せます。

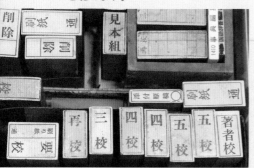

新語だけじゃない!
国語辞典の改訂事情

　数年おきに行われる辞書の改訂。報道で注目されがちな項目の追加だけが修正点ではありません。編纂者・編集者は改訂で辞書全体に目を通すに当たり、「今回はここに手を入れる」というテーマを決めるのだそうです。『新明国』だと、例えば「かぞえ方」欄は第4版で増補されました。最新版のひとつ前の第7版では文法項目の新設や形容詞の見直しがテーマ。そして第8版は、アクセント情報の刷新などが行われました（後述）。

　もちろん辞書の要である語釈も常に改訂の対象です。過去の第3版では、「副詞の解説の改善」が課題に据えられました。その結果、副詞の語釈で使われる抽象的な名詞の解説にも修正が及ぶことに。品詞で区切って眺めると、語彙全体に目が届くというメリットがあります。辞書をむらなく仕上げるため色々に工夫されています。

　ちなみに、兄弟辞書の『三省堂国語辞典』と違って、『新明国』は新語をそれほどは積極的に取り入れません。採録基準は「最低10年定着する言葉」。『三国』は若者の用語を遠慮なく入れていますが、そういった生新しい言葉遣いに追従するのはやめておこうか、という判断も働くようです。

話し言葉の細かい
変化にも注意する日々

その語をどんな調子で話すか、というアクセントを示す国語辞典はいくつかあり、『新明国』もそのひとつです。『新明国』のアクセントは、第3版で大きく修正されましたが、第8版で約40年ぶりに全面改訂。上野善道編集委員会代表により、今までに比べ若い世代の言い方を取り込む形で全体に手が入りました。アクセントはいつの間にか変わるので、辞書もついていかないといけません。吉村さんは、毎朝ラジオを聞いて気づいた音声の変化をメモにまとめているそうです。つらいことも多いという辞書づくりの中で、「アクセントは生き物を扱っているので楽しい」とにこやかに答えてくださいました。

言葉の解説は時代に
合わせて粛々と変える

第8版では、前の版で「恋愛」の語釈にあった「特定の異性に対して」という記述が、「特定の相手に対して」に変わったとして注目されました。辞書づくりに携わる若い大学の先生などは教え子から「"異性"に限るのはおかしい」と指摘されるそうで、そうした声も改稿を後押しします。

しかし、すべての語釈からジェンダーを限定する記述を除くことが可能なわけではないと言います。吉村さんによれば、語釈から「女性が……」といった記述を機械的に消すと、例えば近代文学で女性の描写にのみ用いる表現の項目にも影響が出て、辞書が当時の作品を読む役に立たなくなってしまうとのこと。そこで今回、「貞節」のような項目には、語釈自体は前の版を継承しつつも「古風な表現」と一言加えて注意を促しています。

吉村さんも山本さんも、ジェンダーまわりの改訂はことさら売りにはしない、と話されていました。時代に合わせて配慮する、そうしたら自然にジェンダー関連「も」改善されていた……というあり方が望ましいそう。世間に迎合せず、やるべき手直しを粛々とする、というプロフェッショナリズムを垣間見ました。

031

編集部への取材 後編は p.111 へ

がいじ
【外字】

辞書学 あらかじめ決められた範囲外の文字。(a)常用漢字表に含まれていない漢字。表外字。国語辞典では、特別な記号を用意してそれと示すものが多い。(b)JIS漢字などの規格に含まれていない字。表外字。電子組版では作字が必要になることもある。(c)活版印刷の用語で、使用頻度が低く、通常の文選用のケースとは別に収容されていた活字の文字。

かいそうがた
【階層型】

辞書学 語義が複数にわたる項目で、語義区分を大きなまとまりに分けるやり方。意味上の類似や歴史的観点により、語義を大ざっぱに 一 二 …などと分けて、それぞれに下位区分①②…を設けて細かな意味を説明する。特に中型以上の辞書では語釈が長くなり語義区分も増えるので、階層化して項目を整理することが多い。国語辞典では『辞海』 三 が初めてこの方式を採用した。⇔平面羅列型

かいてい
【改訂】

辞書学 (名・他サ)本などの内容に手を加えること。辞書の場合、増刷でも内容を修正することがあるが、普通は版の名前・数字の変更を伴う大規模な補修作業を改訂と称する。具体的な作業としては、旧版から漏れていた語・意味やその後に定着した新語・新語義を新たに取り入れること、逆に不要な項目や語義を削除すること、語釈や用例をより適切なものに改めることなど多岐にわたる。その辞書の存続のためには、適切な改訂が欠かせない。一般に規模が大きな辞書ほど改訂に時間がかかるため、小型の辞書のほうが新語を取り込みやすいとされるなど、改訂のサイクルは見出し語の選定にも影響を与える。ただし近年では、『デジタル大辞泉』のように「常時改訂」を謳う中型辞書もある。 用例 「増補―版」「9年ぶりの―」

（改訂）

がいらいご
【外来語】

辞書学 日本語の単語のうち、他の言語から借用された語。ただし漢語は除くのが普通。西洋の言語からの借用語は特に「洋

語」ということもある。国語辞典では、外来語の見出しは片仮名で表記され、原語のつづりとその言語が示されるのが一般的である。「ガソリンスタンド」「ナイター」など、日本で外国語ふうに作られた語も含むが、この場合は「和製」などとして和製洋語であることが示される。 参考 ➡ 語種

かがみ

辞書学 ➡ 辞書＝かがみ論。 用例 「辞書は―である」

がくしゅうけんきゅうしゃ
【学習研究社】

出版社 ➡ 学研プラス

がくしゅうこくごじてん
【学習国語辞典】

辞書学 主に小中学生に向けて編まれた国語辞典の総称。ふりがなを多用する、教科書に出てくる語を収録するなど、学習上の配慮がなされているのが特徴。小学生向けのものについては「小学国語辞典」の項を参照。現行の中学生向けのものには『旺文社標準国語辞典』『学研現代標準国語辞典』『ベネッセ新修国語辞典』『例解新国語辞典』がある。

がげんしゅうらん
【雅言集覧】

古辞書 江戸末期の国語辞典。石川雅望著で、18世紀半ばに成立。50巻。いろは順の排列で、語釈はほとんどなく、平安期の文献に現れる雅語の用例集。『俚言集覧』『和訓栞』と並ぶ江戸期の代表的な辞書。

1887年に増補版が刊行。

がご
【雅語】

辞書学 主に平安時代の仮名文や和歌で用いられた、みやびで正しいとされた言葉。雅言。後世、優美な文章（雅文）を書くのにも用いられた。近代以前の本格的な辞書は『和訓栞』『雅言集覧』など雅語を読み解くためのものが多く、その体裁は近代的国語辞典にも継承されている。⇔俗語、普通語

かじ
【火事】

建物などが燃えて、被害が発生する騒ぎ。神田は江戸時代から火事が多く、1892年の大火では三省堂や冨山房が社屋を焼失。三省堂は『ウエブスター氏新刊大辞書和訳字彙』の原稿や資料を庭の池に投げ込んだが、池の水もろとも燃え尽きた。1913年にも大火があり、冨山房はまた焼失。三省堂も被害を受けた。その10年後には関東大震災に見舞われるのだからさすがに気の毒である。『新式辞典』の編纂過程では、1909年、カード整理に当たっていた藤吉梅吉が火災の火傷で亡くなり、また同年、版元である大倉書店も火事に見舞われて原稿が烏有に帰した。その大倉書店は1952年、火災で廃業している。かの『言海』は戦後まで発行が続いていたが、1949年の印刷所の失火で紙型を焼失、絶版となってしまった。 参考 ➡ 空襲、震災

かしお
【カシオ】

デジタル 日本の主要な電子辞書メーカーのひとつ。正式社名、カシオ計算機株式会社。1957年、樫尾計算機として創業。シャープ、キヤノンに続き、1981年に電卓型の電子辞書「TR-2000」を発売。1996年には、現在まで続く「EX-word」シリーズの第1号機「XD-500」を発売した。2019年現在、電子辞書の販売台数シェアは国内トップを誇る。

かぞえかた
【かぞえ方】

辞書学 ものの数を言い表すときの言葉。『新明解国語辞典』で第4版から語釈の末尾に「かぞえ方」欄として示される。赤瀬川原平・SM君は『新解さんの謎』で、「火炎瓶」に「一本」、「恐竜」に「一匹」などの例を挙げて「変だけど正しい」と評した。また、山田忠雄とともに同辞書を編纂してきた倉持保男は「かぞえ方」欄を批判し、「酒」の項目に載る「一本・一瓶・一樽」は酒という液体と容器を混同したもので、その区別を辞書に取り入れるべきだと主張した。

（かぞえ方）

がっけんげんだいしんこくごじてん
【学研現代新国語辞典】

辞書 学研プラスが刊行する小型国語辞典。初版1994年。最新版は2017年の改訂第6版で、項目数7万7000。編者は金田一春彦、金田一秀穂（改訂第4版から）。表現や学習に役立つ「類語と表現」「使い分け」「類義語の使い分け」「日本語」「評論文キーワード」「小論文のツボ」といった豊富なコラムが特長。巻末付録に古語小辞典、アルファベット略語集。『学研国語大辞典』を小型化したもので、金田一春彦は「今度の辞典ほど私の理想にぴったりしたものは作れなかった」と自賛している。

（学研現代新国語辞典）

がっけんげんだいひょうじゅんこくごじてん
【学研現代標準国語辞典】

辞書 学研プラスが発行する中学生向けの国語辞典。1967年の『学研国語辞典』を前身とし、2001年から現書名。最新版は2020年の改訂第4版で、項目数は5万。類語に詳しい点などが同社の一般向け『学研現代新国語辞典』と共通する。

がっけんこくごじてん
【学研国語辞典】

辞書 ➡ 学研現代標準国語辞典

がっけんこくごだいじてん
【学研国語大辞典】

[辞書] 学習研究社から刊行されていた国語辞典。初版1978年、第2版1988年。金田一春彦、池田弥三郎編。『広辞苑』サイズの判型ながら固有名詞は載せず、項目数は10万2000。明治時代から現代に至るまでの小説、戯曲、評論、詩歌、新聞記事などから収集した用例を豊富に示していること、見出し語が複合語の下部を構成する語をまとめて掲げていることが特徴。編集にコンピュータが用いられた最初の国語辞典でもある。小型化し『学研現代新国語辞典』に内容が引き継がれた。

（学研国語大辞典）

がっけんプラス
【学研プラス】

[出版社] 東京都品川区に本社を置く、児童書、学習参考書、辞書などを刊行する出版社。2009年、学研ホールディングスの子会社の学研マーケティングとして設立。2015年、辞書の版元であった学研教育出版などを吸収合併し現社名に改名。学研ホールディングスは、1946年に学習研究社として設立され、長らく教育関係の出版活動を行い、2009年に持株会社化した。学習研究社時代から『学研国語辞典』（後に『学研現代標準国語辞典』）『学研国語大辞典』『学研現代新国語辞典』『学研レインボー小学国語辞典』（後に『新レインボー小学国語辞典』）などの国語辞典のほか、古語辞典や『アンカー』シリーズの英和辞典など多種の辞書を刊行している。最近では『新レインボーはじめて国語辞典』で幼児向けの国語辞典に参入、「ことば選び辞典シリーズ」もヒットしている。

がっこうではおしえてくれないこくごじてんのあそびかた
【学校では教えてくれない！国語辞典の遊び方】

[書名] ➡ 国語辞典の遊び方

かどかわ
【KADOKAWA】

[出版社] 東京都千代田区に本社を置く総合出版社。1945年、角川源義が角川書店として創業。2003年の持株会社化などを経て2013年から現社名に改称し再び事業会社。1955年の『字源』復刻、1956年の『角川国語辞典』『角川漢和辞典』で辞書に進出し、複数の国語辞典・漢和辞典のほか、『角川類語新辞典』、森田良行『基礎日本語辞典』など多くの辞典を刊行してきた。近年は全般に改訂が停滞気味であったが、2017年には23年ぶりに『角川新字源』が改訂され話題となり、これをモデルに漫画『じしょへん』の連載も始まった。角川学芸出版は2013年に吸収合併された元子会社で、一時は辞書の版元になっていた。

かどかわこくごじてん
【角川国語辞典】

辞書 KADOKAWAが発行する小型国語辞典。1956年初版、1961年改訂版、1969年新版。編者は武田祐吉、久松潜一、佐藤謙三（新版から）。項目数7万5000（新版）。『明解国語辞典』に対抗して企画された。現代かなづかいを採用した小型辞書としては早く、よく普及した。旧字体を用いた書き方を併記するなど表記に詳しく、またアクセントでカ行鼻濁音と母音の無声化を示すのは『角川国語辞典』の系統のみ。古語も採録。『角川新国語辞典』は改訂版にあたるが、なぜか今日まで併売されている。

（角川国語辞典）

かどかわこくごちゅうじてん
【角川国語中辞典】

辞書 角川書店（現KADOKAWA）から1973年に刊行された中型国語辞典。時枝誠記、吉田精一編。項目数15万。固有名詞や漢字母も立項し、基本的な4万語にはアクセントを示す。文法には時枝文法を採用。中型国語辞典として初めて現代主義を導入し、現代の意味から語義を排列した。1982年、5000語を増補し『角川国語大辞典』に改題。

かどかわさいしんこくごじてん
【角川最新国語辞典】

辞書 KADOKAWAが発行する小型国語辞典。1987年刊。山田俊雄、石綿敏雄編。項目数6万。特に明記はされていないが、明らかに『角川新国語辞典』を下敷きとしている。用字についてはさらに詳しく囲み記事の補説が新設されたほか、奇数ページ全部の左上に3行のミニコラムがある。

かどかわしんこくごじてん
【角川新国語辞典】

辞書 KADOKAWAが発行する小型国語辞典。1981年刊。山田俊雄、吉川泰雄編。項目数7万5000。『角川国語辞典』の改訂版として企画されたが、中村明ら新たな協力者が入り、別の辞典の姿になったとして書名を改めた。新たに単漢字項目を立項し、詳しい表記・アクセントの情報を継承する。

かどかわひっけい
こくごじてん
【角川必携国語辞典】

辞書 KADOKAWAが発行する小型国語辞典。大野晋、田中章夫編。1995年刊。項目数は5万2000語とやや小規模ながら、固有名詞も収録する。似た意味の言葉の違いを解説した「つかいわけ」のコラムが特色。同音異義語を同一の見出しとしているのも珍しい。井上ひさしや柳瀬尚紀など、この辞書を高く評価する識者も多い。

（角川必携国語辞典）

かなざわしょうざぶろう
【金沢庄三郎】

（人物）（1872-1967）言語学者。『辞林』『広辞林』『小辞林』の編者として知られるが、ほぼ名義貸しであった。1903年頃から三省堂編輯所の斎藤精輔と親交があり、洋行した高楠順次郎の代打として『日本百科大辞典』の言語学関連の項目を執筆。同時期に『辞林』の編纂を依頼された。『辞林』の普及はすさまじく「辞林博士」とも呼ばれ、辞書の印税で駒込曙町（現東京都文京区本駒込）に洋風の立派な屋敷も構えた。当用漢字と現代かなづかいには賛同せず、時流に従いこれらが採用された1958年の『新版広辞林』では、序文で「賛意を表し難いものがある」とあくまで反対の立場を表明している。日本語と朝鮮語が同系であると主張する著書『日鮮同祖論』は日本の朝鮮支配を正当化する論理的支柱にもなり、戦後は厳しい批判にさらされた。金田一京助は教え子。

かなづかい
【仮名遣い】

（辞書学）日本語を仮名でどう書き表すかということ。詳しくは「現代仮名遣い」「歴史的仮名遣い」「表音式仮名遣い」の各項を参照。

かなみだし
【仮名見出し】

（辞書学）辞書において、仮名による見出し。現代仮名遣いが普及するまでは、歴史的仮名遣いや表音式仮名遣いなど、いろいろな方法で表記された。機能については「見出し語」の項を参照。

かみじしょ
【紙辞書】

（辞書学）デジタル辞書に対し、紙に印刷され、製本された辞書をいう語。単に「紙の辞書」とも、「冊子辞書」「冊子体辞書」などともいう。デジタル辞書が普及する中、学習には紙辞書のほうがよいとする言説も根強く、紙辞書にこだわる愛好家も少なくない。

（紙辞書）

かみながさとる
【神永曉】
人物 (1956-) 辞書編集者。1980年、小学館の関連会社である尚学図書に入社し、辞書編集部に配属。『国語大辞典』に関わった後、『現代国語例解辞典』を立ち上げから担当。1993年、尚学図書辞書編集部が小学館に吸収され、同社に移籍。『使い方の分かる類語例解辞典』、『日本国語大辞典』第2版、『標準語引き日本方言辞典』、『美しい日本語の辞典』などを編集した。2014年には深谷圭助とNPO法人「こども・ことば研究所」を設立し、辞書引き学習の普及に努める。2017年の退社後も『日本国語大辞典』第3版に向けた編集作業に携わる。著書に『悩ましい国語辞典』『微妙におかしな日本語』『辞書編集、三十七年』など。

からこうもく
【空項目】
辞書学 ➡ 空見出し〔この項目自体が空項目である〕

からみだし
【空見出し】
辞書学 辞書の項目のうち、そこには解説を施さず、他の項目に説明を譲っている項目。空項目、見よ項目とも。同義語に説明を譲るときや、検索の便宜のために表記揺れの形、読み誤りの形を立てるときなどに用いられる。

かわそう
【革装】
辞書学 本の表紙に革を張った装丁。全体に革を用いる総革、背にのみ革を用いる背革などがある。耐久性にすぐれ、辞書の特装版によく用いられたが、最近は少ない。

（革装）

かんえいたいしょういろはじてん
【漢英対照いろは辞典】
辞書 ➡ 和漢雅俗いろは辞典

かんご
【漢語】
辞書学 日本語の単語のうち、漢字の音によって読む語。字音語。外来音に由来するものだが、流入時期が古く語数も多いため、外来語とは区別して考えるのが普通。また、「ギョーザ」「マージャン」など、近代以降に中国語から入った語は漢語には含まない。現代のほとんどの国語辞典は、漢語の見出しは平仮名で表記し、和語に準ずる扱いをしている。古くは『言海』、最近では『新選国語辞典』などは書体によって和語と漢語を区別する。『新潮国語辞典』は漢語を片仮名の見出しとし、外来語に準ずる扱い。 参考 ➡ 語種

かんじこうもく
【漢字項目】
辞書学 国語辞典の項目のうち、その字義や働きについて解説した、漢字1文字の項目。単漢字項目。 参考 ➡ 漢字母

かんじぼ
【漢字母】

辞書学 漢語の熟語を構成する造語成分としての漢字。たとえば「的（てき）」は日本語では単語として使えないが、「まと」という意味で「標的」、「…のような」という意味で「現実的」というように、漢語を作ることができる。これは、「寒がる」の「がる」のような接辞と同じように考えることができ、国語辞典で扱う意義がある。国語辞典の漢字母項目は、単純に漢和辞典を取り込んでいるわけではないのである。漢字母を項目として採用したのは『岩波国語辞典』が最初。

かんしゅう
【監修】

辞書学 （名・他サ）他の人の編集・著述を監督すること。辞書にはしばしば監修者が置かれるが、実質的な仕事はせずに名前だけを貸す人物であることが暗黙の了解にもなっている。参考 ➡ 名義貸し

かんぜんいっち
【完全一致】

デジタル デジタル辞書における見出し語の検索方法のひとつ。検索の文字列が見出し語と完全に一致するものを結果として返す。共通する文字列を頭に持つ語が多く前方一致では検索がしづらい場合などに便利。参考 ➡ 後方一致、部分一致

かんわじてん
【漢和辞典】

辞書学 漢字や、漢字を用いた熟語について、日本語で説明した辞典。現代のものは、ふつう漢字1文字を見出し（親字）とし、その音訓、意味、成り立ちを示し、親字から構成される熟語を列挙してそれぞれの意味を記す。部首の画数によって排列するものが多いが、読みによって排列するものもある。漢文の読解が主な目的であり、中国古典に例のある字や語を扱うものが中心的だが、日本の漢字語に特化したものや、現代中国語を取り込んだものなども出ている。現存する最古の漢和辞典とみなせるのは平安時代の『新撰字鏡』である。室町時代から江戸時代にかけては、簡便な漢和辞典として『和玉篇』が広く用いられた。今日の漢和辞典の特徴を備えたものは三省堂の『漢和大字典』（1903年）が最初で、今日では大小さまざまな漢和辞典が刊行されている。参考 ➡ 四角号碼、大漢和辞典

ききまちがえないこくごじてん
【聞き間違えない国語辞典】

三省堂とパナソニックが共同開発した、聞き間違えの起こりやすい言葉を視覚的に表現したオンライン辞書。パナソニックとパナソニック補聴器が立ち上げた、難聴者が聞き取りやすい言葉の使用を促す啓発活動「Talking Aid Project」の一環。「スーパー大辞林3.0」の項目から、「あくしゅ」と「はくしゅ」など聞き分けの難しい言葉150万組を収録。「あ」と「は」を組み合わせるなどした独自の書体で聞こえの問題を視覚的に表し、聞き取りやすい言い換え方や発音のしかたも提案する。2017年公開、翌年公開終了。

きごう
【記号】
辞書学 ➡ 約物

きじゅつしゅぎ
【記述主義】
辞書学 〔descriptivism〕言語の使用実態を
ありのまま映し出すことを第一に置いた辞
書づくりの方針。客観主義とも。記述主義
を重視する辞書は、新語や俗用・誤用も
積極的に取り上げる。記述主義で編まれた
辞書は数多いものの、使用者がそうと知ら
ず内容を規範として受け取ると、往々にし
て「辞書にあるから〝正しい〟」「辞書が誤用
を〝認めた〟」といった誤解の原因となる。
⇔規範主義 参考 ➡ 辞書＝かがみ論

きじょうばん
【机上版】
辞書学 ➡ 大型版

きそご
【基礎語】
辞書学 ➡ 基本語

きたはらはくしゅう
【北原白秋】
人物 （1885-1942）明治から昭和にかけ
活躍した詩人、歌人。多数の辞書を詩作に
用いていたことで知られ、白秋の書棚は
膨大な辞典で大半が埋まっていたという。
『言海』を食べていたと噂されることもあ
り、また中学時代、『言海』のページをち
ぎって暗記しては近所の堀に捨てていたの
だという話もある。ただし、いとこである

北原正雄がこの噂の真偽を本人に尋ねたと
ころ、「嘘だよ」と言われている。白秋が
『言海』を愛読していたことは確かで、「言
海を始めから繰って新語を見出しては歌を
作るのだよ」とも語っている。他にも『日
本大辞林』や『大言海』を使っていたと思わ
れ、「文学をもって、世に立とうとするも
のはまず最高の辞書類を身辺におくことが
必要だ」「よい辞書は最高の読みものだ」「す
ばらしい詩は、辞書をくる苦しみから生ま
れる」といった名言も残している。

（北原白秋）

きたはらやすお
【北原保雄】
人物 （1936-）言語学者。師の中田祝夫
に誘われて1963年頃から『古語大辞典』
（1983年）の編纂に参加して以来、多数の
辞書の編集に携わる。『全訳古語例解辞典』
（1987年）では古語辞典における全訳方式
を創始し、『日本語逆引き辞典』（1990年）
では初めての本格的な逆引き辞典を生ん
だ。1988年から本格的な編纂が始まった
『明鏡国語辞典』でも編者を務め、規範を
説明した上で記述的な立場も取り入れる方

針を導入。「もっと明鏡」大賞では審査委員長となり、成果を『明鏡国語辞典』に反映するとともに、『みんなで国語辞典』シリーズも監修した。このほか『反対語対照語辞典』『同音語同訓語使い分け辞典』『明鏡ことわざ成句使い方辞典』などで編者。『日本国語大辞典』第2版では編集委員。ベストセラーとなった『問題な日本語』シリーズでも知られる。

きはんしゅぎ
【規範主義】

辞書学 〔prescriptivism〕言語の望ましい用法を示すことを第一に置いた辞書づくりの方針。規範主義を重視する辞書は、誤用を取り上げる際には誤りだと注記したり、新語や俗用の取り扱いに消極的になったりする。辞書に〝正しい〟日本語を求める使用者の期待に合致する方針だが、がちがちの規範主義で編まれた辞書はなく、どれも現実の記述との間でバランスを取っている。⇔記述主義　参考 ➡ 辞書＝かがみ論

きほんご
【基本語】

辞書学 その言語の根幹として誰もが日常的に使う語や語彙。日本語では「ある」「もの」「こと」など。選定の基準によるが概ね1500〜3000語程度とされる。多義語であり、語釈の基盤ともなるため、近年の国語辞典では字数をさいて重点的に取り上げられることが多い。基本語だけを詳しく解説した辞書に森田良行『基礎日本語辞典』など。目的や場面によって「基礎語」とも呼ぶ。また、学習上重要な語彙を基本語と呼ぶこともある。　参考 ➡ 重要語、循環、定義語彙、分類語彙表

ぎゃくからブランチ
【逆からブランチ】

ゲーム 辞書を用いたゲームのひとつ。2018年8月に開催された「国語辞典ナイト」第7回で創案された。出題者と、複数の回答者に分かれて行う。出題者は、国語辞典の中から複数のブランチ〔＝語義区分〕がある語を選び、語義番号の大きいほうから語釈を順に読み上げる。回答者は、その見出し語が何であるか、なるべく早く当てる。2019年からは、ABCラジオ『武田和歌子のぴたっと。』でも行われている。

ぎゃくびき
【逆引き】

辞書学 ①紙辞書で、見出し語を末尾から逆向きに読んだ文字列を、見出し語として排列してあること。『日本語尾音索引』、『日本語逆引き辞典』、『逆引き広辞苑』などが採用する。韻を踏むのに便利。デジタル辞書では後方一致検索によって実現される。②紙辞書で、見出し語以外の要素から見出し語を探せるようにしてあること。例えば、『例解慣用句辞典』は「言いたい内容から逆引きできる」が副題で、見出し語が意味別に分類されている。デジタル辞書では部分一致検索や全文検索によっておおむね実現される。

きゃっかんしゅぎ
【客観主義】

辞書学 ➡ 記述主義

キヤノン

デジタル 〔Canon〕日本のカメラメーカー。1933年に精機光学工業として創業。1980年に電子英単語「LA-1000」を発売し電子辞書に参入。1988年、現行のブランド「wordtank」の第1号機「ID-7000」を発売した。一時はカシオ、シャープ、セイコーインスツルと覇を競ったが、現在は電卓型の簡易なものを販売するに留まっている。wordtankはメニューを英語に切り替えられたため日本語学習者に人気があり、ウィキペディア英語版にも日本語版を差し置いて記事が立っている。

きょうめいせよ しりつとどろきこうこう としょいいんかい 【共鳴せよ! 私立轟高校図書委員会】

作品 D・キッサンによる4コマ漫画。2006年から2009年に一迅社の『月刊コミックゼロサム』で連載。東京都内の高校の図書委員たちの日常を描く。番外編第13話では、図書室に入れる本をかけて委員らが「図書委員伝統」のたほいやで白熱の試合を繰り広げた。D・キッサンはたほいやのエピソードが「一番描きたかった」ものだという。第48話では、『広辞苑』各版の擬人化も見られる。

きんだいこくごじしょのあゆみ 【近代国語辞書の歩み】

書名 山田忠雄の大著。副題「その摸倣と創意と」。1981年、三省堂刊。近代以降の個々の国語辞典の特徴と辞書史におけ

る位置付けを子細に論じた、上下巻1700ページ超に及ぶ労作。それまで『三代の辞書』などで辞書史を論じてきた山田の集大成的な著作である。『日本国語大辞典』を批判した「余説第二章」には、松井栄一から手厳しい反論もあった。

山田忠雄
『近代國語辞書の歩み
その摸倣と創意と』
1981、三省堂

きんだいちきょうすけ 【金田一京助】

人物 (1882-1971) 言語学者。アイヌ語を言語学の見地から初めて研究した功績で知られる。岩手県に生まれ、同郷の大槻文彦を若い頃から崇拝していた。東京帝国大学で新村出や上田万年に学び、上田に指定されてアイヌ語研究の道に進んだ。帝大卒業直前の1907年初頭、金沢庄三郎の助手として『辞林』初版を校正。翌年、金沢の紹介で三省堂に入社し、1912年の倒産まで斎藤精輔のもと『日本百科大辞典』を校正した。帝大教授をしていた1930

年代末に、三省堂から中型辞典（のちの
『辞海』□）編纂を依頼された。また、『小
辞林』改訂（のちの『明解国語辞典』）も頼ま
れ、帝大で金田一のアイヌ語の講義を受け
ていた見坊豪紀に委嘱した。先に出た『明
解国語辞典』は世間に「金田一先生の辞書」
として普及し、内田百閒もこれを「金田一」
と呼んで愛用している。辞書の編者・監修
者のイメージが持たれるが、息子の金田
一春彦の証言によれば、実際はほぼ全く書
かなかった。「金田一」ブランドが高まる中、
教え子の紹介で得体の知れない出版社に
名義貸しを行うこともあって、金田一の
名を冠した辞書は多いが春彦曰く「よいも
のは実は少ない」。『日本国語大辞典』では
編集顧問としてアクセント情報の記述を発
議し、春彦の企画立案で実現した。没した
際には三省堂が社葬を行い、見坊が弔辞を
読んだ。1973年、すぐれた言語学関連論
文に贈られる「金田一京助博士記念賞」が
三省堂の後援で設置された。

きんだいちはるひこ
【金田一春彦】

人物 （1913-2004）言語学者。金田一
京助の長男。日本語アクセントの史的研
究が専門。中学の頃、京助から金沢庄三郎
の裕福ぶりを聞き、辞書編纂で稼げること
を知る。帝大卒業後、京助編の『辞海』□
を手伝ったのが辞書に携わった最初。『明
解国語辞典』初版では見坊豪紀を手伝い、
全項目に数字によるアクセントを付した。
その後も『明国』改訂版、『三省堂国語辞
典』『新明解国語辞典』に編者として携
わったが、『新明解国語辞典』は主幹の山
田忠雄と「マンション」などの語釈をめぐ
り悶着があり、第4版からは編者を辞し
た。他に『明解古語辞典』『学研国語大辞
典』『学研現代新国語辞典』でも編者を務
め、『日本国語大辞典』では編集委員。岩
波新書の『日本語』をはじめとする一般向
けの書籍も多く、1988年に『笑っていい
とも！』にレギュラー出演するなどテレビ
を通じて茶の間にも親しまれた。金田一秀
穂は次男。

（金田一京助）

（金田一春彦）

きんだいちひでほ
【金田一秀穂】

人物 （1953-）日本語学者、杏林大学教授。金田一春彦の次男。父春彦が監修者を務める学研の小学国語辞典に同じく監修者として加わった後、春彦が編者を務める『学研現代新国語辞典』に改訂第4版から編者として加わる。監修した『もちもちぱんだ もちっとことわざ』には先生役の「金田一ぱん」として「パンダ化」して登場し、『新レインボー小学国語辞典』改訂第6版の巻頭にも再登場した。著書に『人間には使えない蟹語辞典』『ことばのことばっかし』『お食辞解』『金田一秀穂の日本語用例採集帳』など多数。

ぎんぶら
【銀ぶら】

有名項目 東京の銀座の街をぶらつくこと。大正時代からある言葉。この語源が「銀座でブラジルコーヒーを飲む」であるとまことしやかに語られているが、これは事実ではなく、『三省堂国語辞典』が第7版で「「もと、銀座でブラジルコーヒーを飲むことだった」という説はあやまり」と特記して注意を促している。辞書が俗説を正す役割を果たそうとしている象徴的な例のひとつ。『デジタル大辞泉』は一時期ブラジルコーヒー説を載せていたこともあるが、撤回した。

（銀ぶら）

グーグル
【Google】

デジタル 最も標準的な検索エンジン。何でも調べられて、目下のところ辞書最大の敵である。「○○　意味」「○○とは」などのキーワードで検索すると「Oxford Languagesの定義」として国語辞典のような情報が表示されるのは、『岩波国語辞典』第7版新版の抜粋。ただし、語釈の後半や▽（さんかく）注記は大胆に省略されており、注意が必要。

（Google）

グーじしょ
【goo辞書】

デジタル ポータルサイト「goo」上で使える無料オンライン辞書。NTT-X（現NTT

レゾナント）が1999年、三省堂と提携して開設。インターネットの普及が進む中で「Yahoo!辞書」「infoseek辞書」「エキサイト辞書」といったポータルサイトが提供する辞書サービスの走りとなった。当初国語辞典のデータは『大辞林』第2版を用いていたが、2010年7月から『デジタル大辞泉』に切り替わった。『デジタル大辞泉』改訂の際は最も早くデータが更新される。類語辞典は『使い方の分かる類語例解辞典』新装版が引ける。

くうしゅう
【空襲】

爆弾の投下などにより空から攻撃すること。第2次世界大戦末期の空襲は、辞書編纂にも直接的な打撃を与えた。1945年2月、大修館書店は空襲で全焼し、刊行の準備を進めていた『大漢和辞典』第2巻以降の原版が焼失した。しかし、諸橋轍次が校正刷りを3か所に分けて疎開させていたことで、戦後組版をし直して刊行にこぎつけた。同年、『辞苑』改訂原稿も空襲で焼失。こちらは岡茂雄の計らいで校正刷りが5か所に疎開されており、戦後『広辞苑』刊行が実現できた。何事もリスクの予測とバックアップが大切である。 参考
➡ 火事、震災

くこうもく
【句項目】

辞書学 辞書の項目のうち、慣用句やことわざなどの成句の項目。他の単語の項目とは別に取り扱われる。先頭の語の項目の子見出しとされることが多い。

くしざしけんさく
【串刺し検索】

デジタル 一度の検索で、複数のデジタル辞書をまとめて検索すること。横断検索とも。複数の辞書コンテンツを収録したオンライン辞書や辞書アプリなどで実現されており、キーワードを指定して実行すると、すべての収録辞書の検索結果を同じ画面で確認できる。各辞書の閲覧がすばやく行えてとっても便利。

（串刺し検索）

グッドデザインしょう
【グッドデザイン賞】

1957年創設の、優れたデザインを持つ物事に毎年贈られる賞。自薦が可能で受賞率が高い。電子辞書が商品デザイン部門で多数受賞しており、キヤノン「wordtank ID-8500」（1990年）などこれまで十数点が入選。2009年には物書堂のiOS用辞書アプリ「大辞林」が「美しいグラフィックと直観的なインターフェースデザインが秀逸」として受賞した。

くにひろてつや
【国広哲弥】

人物 (1929-) 言語学者。意味論が専門。1972年から柴田武の意味論研究会に参加して基本語の意味を検討し、柴田らとともに成果を『ことばの意味』(全3巻)にまとめた。その後も『理想の国語辞典』『日本語の多義動詞』で国語辞典の語釈の建設的批判を行い、理想的な意味記述のあり方を追究し続けている。他の著書に『日本語誤用・慣用小辞典』など。『プログレッシブ英和中辞典』では第4版まで編集主幹。

くもたはるこ
【雲田はるこ】

人物 (?-) 漫画家。辞書編纂を描いた三浦しをんの小説『舟を編む』の雑誌連載時の挿し絵、単行本および文庫本の装画を担当。2016年のアニメ版ではキャラクターデザインを務め、同年から翌年にかけては『ITAN』誌にてコミカライズ版を連載した。初の単行本『窓辺の君』を読んだ三浦直々の指名で挿し絵を担当することになったという。代表作に『昭和元禄落語心中』がある。

くらしのてちょう
【暮しの手帖】

書名 暮しの手帖社が発行する生活情報誌。1948年創刊。他社の広告は一切出さない方針で、各社の商品を比較する企画「商品テスト」に信頼が寄せられる。1971年、その一環として行われた「国語の辞書をテストする」では8種類の小型国語辞典が比較の対象となり、必要な言葉が漏れている

一方いらない語は多すぎると指摘した。「まつる」「メリヤス」などの語釈がほとんどの辞書で間違っていることも明らかにし、ある辞書を「親亀」として引き写したためにみな間違ってしまったと推測。国語辞典界にはびこる盗用体質を明らかにした。翌年に出た『新明解国語辞典』の序文や「親亀」の語釈にも見られるように、その後の辞書に与えた影響は少なくない。

(暮しの手帖)

くらしまときひさ
【倉島節尚】

人物 (1935-2020) 三省堂の辞書編集者。1959年に入社し、三省堂編修所に配属された。辞書編集の初仕事として『明解古語辞典』新版(1962年)の改訂を担当。その合間に、企画が進んでいた「大国語」(のちの『大辞林』)に参加した。1963年から「大国語」担当。項目選定で数十万枚の語彙カードを繰るうち、指紋が磨り減ってしまったという。編纂半ばの1974年に三省堂が倒産し、資金作りのため『新小辞林』第2版を短期間で改訂した。1985年、「大

国語」編纂のための部署「国語辞書編修所」の責任者となり、1988年の刊行まで編集長として尽力した。1990年、辞書編集者の社会的評価向上を実現したいという思いから、大正大学教授に就任し、2008年まで在職。「日本語辞書学」の創設を目指して『日本語辞書学の構築』『日本語辞書学への序章』を著した。他の著書に『辞書は生きている』『辞書と日本語』など。沖森卓也らとの共編書に『日本辞書辞典』。 参考
➡ 常用漢字

くらしまながまさ
【倉島長正】

人物 (1935-) 辞書編集者。1959年、小学館に入社。『日本国語大辞典』初版の編集長を務め、同書についていき日本大辞典刊行会、尚学図書を経て再び小学館に移籍。『日本国語大辞典』第2版の企画段階にも携わった。1997年まで小学館言語研究所所長。著書に『「国語」と「国語辞典」の時代』『国語一〇〇年』『日本語一〇〇年の鼓動』『日本語37話プラスX』など。

クラムシェルがた
【クラムシェル型】

デジタル 〔clamshell＝二枚貝の殻〕電子辞書の形状で、ヒンジを中心に本体が分割されていて折りたためるもの。通常、液晶パネルを備える表示部とキーボードなどを備える操作部とに分かれる。小さな本体サイズに対して大きな画面とキーボードを搭載できること、持ち運ぶ際に画面を保護したり誤操作を防げることなどのメリットがある。初期の電子辞書は電卓のような形だったが、1994年頃からクラムシェル型が登場した。その後、最も一般的な形状となったため、現在あえてクラムシェル型と呼ぶことは少ない。

くらもちやすお
【倉持保男】

人物 (1934-2018)『新明解国語辞典』の編纂者。東京大学大学院在籍中に『新潮国語辞典』の語釈執筆に参加。1962年から大学で留学生に日本語教育を行い、のちの辞書編纂にも経験が役立ったという。また同じ頃『広辞林』の改訂にも関わりがあった。1970年頃から山田忠雄の依頼で『新明解国語辞典』に協力。「たたく」の語釈案が気に入られてマンツーマンで意味記述を議論するようになった。山田による『新明解国語辞典』初版初刷のあとがきは、倉持が語釈で「天賦の才を発揮し」たと激賞する。『新明解国語辞典』第4版までは編集協力者、第5版から編集委員、第7版では編集委員代表を務めた。長く山田と協力してきたが、方針には不一致な点もあったことを語っている。倉持は小型辞典の性格を考慮し、個性的すぎる語釈の安定化と用例の再構成を望んでおり、第5版以降で柴田武らとともに実践した。編書に『標準語で引く　方言小辞典』、『日本語力を高める現代用字用法辞典』、著書に『ことばの雑記控』など。 参考 ➡ いたちごっこ、かぞえ方

グリムきょうだい
【グリム兄弟】

人物 ヤーコプ・グリム（Jacob Grimm、1785-1863）とヴィルヘルム・グリム（Wilhelm Grimm、1786-1859）。6人きょうだいの長男と次男で、「グリム童話」として知られる『子供と家庭のメールヒェン集』の編纂で有名だが、実はヤーコプは言語学者、ヴィルヘルムは文学者であり、『ドイツ語文法』（ヤーコプ著）など各分野で重要な研究結果を残す。兄弟は1838年に『ドイツ語辞典』編纂に着手。しかし大事業のため、ふたりが存命のうちにできたのは「F」の部までだった。編纂は20世紀に入っても続き、冷戦時代は分割された東西ドイツで立場の違いを乗り越えて進められた。全32巻が完成したのは着手から123年後の1961年であった。新村出は学生時代にヤーコプを紹介する論文を発表し、『広辞苑』初版でもグリム兄弟に触れるなど、思い入れがあったようだ。

クロスロゴス
【クロス×ロゴス】

ゲーム 〔cross×logos〕アニプレックスとカヤックが配信していたスマートフォン向けゲームアプリ。2019年9月配信開始、翌2月サービス終了。『ことばのパズルもじぴったん』を手がけた後藤裕之がディレクターを務めるパズルゲームで、盤面のマスに仮名を埋めて言葉を作り、相手と陣地を奪い合う。判定には『広辞苑』が用いられ、言葉を作るたびにその語釈も表示された。

けんい
【権威】

辞書学 必ずしも権力や理論の裏付けがなくても、相手を納得させて従わせる力。一般に、辞書に要求され、また辞書が備えると目されているもの。出版社も辞書に権威を持たせるため、著名な学者に監修者として名義貸しをさせることがある。編者らが尽力した辞書が説得力を持つのは当然としても、辞書を無批判に信用したり、他人を黙らせるために辞書の名を盾にするのは、建設的な辞書の使い方とは言い難い。

参考 ➡ 記述主義、規範主義

げんえん
【言苑】

辞書 1938年に博文館から刊行された国語辞典。『辞苑』から実用的でない語を削り、教科書の用語や新語を補って簡便にしたもの。項目数10万。編者の新村出は名義貸しで、実著者は『辞苑』と同じく溝江八男太。『明解国語辞典』の項目選定の参考にも用いられた。戦後に博友社から再刊。

げんかい
【言海】

辞書 大槻文彦が編んだ、日本で初めての近代的な国語辞典。1889〜1891年刊。4巻、3万9103項目採録。現在刊行される種々の国語辞典の形式を確立した偉大な辞書。近代国家成立のために国語辞典が必要と考えられていた時代に、文部省が大槻に命じて制作。普通語の辞書として専門語は入れない形で企画された。全項目の数と内訳を示す巻末の「言海採収語…類別

表」は高く評価されるべきである。排列は五十音順。語釈は、「猫」のような項目も百科項目的な書き方をせず国語項目として扱う。完成した辞書として初めて語釈には語義区分を設けた。大槻は編纂に当たり、『ウェブスター英語大辞典』の「ロイヤル・オクタボ版」を訳せば作れると当初構想したが、結果的には多数の新機軸を必要とした。大槻は『ウェブスター』を分析して、辞書が備えるべき発音、語別、語原、語釈、出典の5要素を見いだし、『言海』にも取り入れようとした。資金不足から出典つきの引用例は削らざるを得なくなり、大槻自身は悔いたが、作例の導入はかえって先進的な特徴とも考えられる。編纂期間16年の過半は日本語文法の作成にあてられ、『言海』巻頭には文法解説「語法指南」が79ページにわたり掲載された。文法の制定により複合語などをいちいち立項せずに済み、『語彙』などと比べて採録語が整理された。成立の過程はあとがき「ことばのうみのおくがき」に詳しい。編纂開始は1875年で、多人数が関わった『語彙』の不発を踏まえて西村茂樹が大槻と国

学者・榊原芳野の2名のみに命じ、ほどなくして大槻ひとりとなった。中田邦行、大久保初男を清書作業に入れて、1884年に草稿が完成。2年後に稿本ができ、文部省に納めるも、保管されたまま出版の気配がなかった。しかし1888年、私費での刊行という条件で大槻に下げ渡された。翌1889年から2年をかけ、その間に家族や中田を亡くすという不幸に見舞われながら4冊を完結。料亭・紅葉館で開かれた祝賀会には伊藤博文、勝海舟、加藤弘之ら錚々たるメンツが出席した。その後版を重ね、小型、中型、大型、寸珍などの各種判型も登場した。1949年に有精堂が刊行した「最終版」は「1000版」とされるが、1版ずつ刻んでいったわけではないため実際の増刷数はもっと少ないと指摘される。1912年、冨山房・坂本嘉治馬が大槻に増補改訂を打診し、のちの『大言海』になった。現在、ちくま学芸文庫で復刻版が刊行。ネットには全文検索可能なサイトもある。 参考

➡ 言葉の海へ、新言海、正誤表、日本大辞書、美味、福沢諭吉

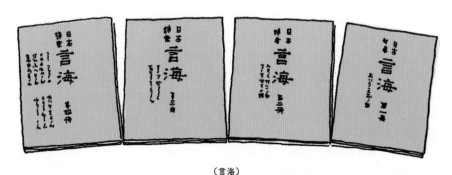

（言海）

げんぎ
【原義】

辞書学 語に複数の意味があるとき、もともとの意味にあたるもの。原意。本義。⇔転義

げんこくれい
【現国例】

略称 『現代国語例解辞典』の略称。第4版（2005年）から表紙に「GENKOKUREI」とある。

げんしんこく
【現新国】

略称 『学研現代新国語辞典』または『三省堂現代新国語辞典』の略称。辞書マニアに「現新国」と言うと「どっちの？」と聞かれる。混同を避けるためにそれぞれ「学現新」「三現新」と呼びならわすこともある。

げんせん
【言泉】

辞書 ㊀落合直文の『ことばの泉』を、落合の没後に芳賀矢一監修のもと増補改訂した国語辞典。大倉書店刊。1921年から1929年にかけ、本文5巻と索引1巻を刊行。固有名詞を多く載せ、『新式辞典』の句項目も取り入れた。書名は、背と扉では「日本大辞典言泉」、奥付では「改修言泉」となっている。㊁1986年に小学館から刊行された国語辞典。副題「国語大辞典」。林大監修、尚学図書編。項目数15万1000。『日本国語大辞典』および『国語大辞典』を基礎に、現代生活に必要な項目を選定し、新項目も加えた。㊁の名を使

うにあたり、青山霊園の落合直文の墓前に報告をしたという。

げんだいかなづかい
【現代仮名遣い・現代かなづかい】

辞書学 戦後、内閣告示により定められた仮名遣い。現在最も普通に行われている。1946年に「現代かなづかい」として告示され、1986年に改定され現行の「現代仮名遣い」となった。ほぼ表音式仮名遣いだが、同じ発音でも語源意識により「じ」と「ぢ」や「おお」と「おう」を書き分けるなど一部に歴史的仮名遣いを残す。現行の国語辞典の見出し表記はほぼ全て現代仮名遣いによっているが、古語を載せる場合はどうするかなどといった点に課題がある。『日本国語大辞典』は古語も現代仮名遣いで表記しているが、これに納得できず原稿執筆の依頼を断った学者もいたという。

げんだいご
【現代語】

辞書学 現代の言葉。古語に対していう。国語辞典には、現代語のみを扱うもの、古語のみを扱うもの（古語辞典）、その両方を扱うものとがある。当然現代語と古語に断絶があるわけではないので、現代語に特化した辞典でも、語源や語誌の解説を取り入れて古語との連続性を示そうとするものがある。

げんだいこくごれいかいじてん
【現代国語例解辞典】

辞書 小学館から刊行されている小型国語辞典。略称、現国例。初版1985年。最新版は2016年の第5版で、項目数6万3000。監修者は林巨樹、松井栄一（第4版から）。『日本国語大辞典』および『国語大辞典』の成果をふまえたもので、日本で初めて大型辞典を縮約して編まれた小型辞書である。類語の使われ方の違いを表組みで示す「類語対比表」や、慣用句や複合語を一覧できる「語例表」（第4版まで）が特長。また辞書の用字用語辞典としての役割を重視し表記にも詳しい。助詞・助動詞は本文でなく巻末に別掲する。第5版の編集には国立国語研究所の「現代日本語書き言葉均衡コーパス」が活用されたが、これは国語辞典としては先駆的。神永曉が尚学図書時代に初めて企画の立ち上げから携わった辞書。

（現代国語例解辞典）

げんだいしゅぎ
【現代主義】

辞書学 語義が複数にわたる項目で、現代普通に使われる意味から順に語義を排列するやり方。現在出回る多くの国語辞典はこの方式。こうした辞書では、「かわいい」の最初の語義区分は「魅力的で、大切にしたくなる感じだ」といった意味になる。⇔歴史主義

げんだいにほんごかきことばきんこうコーパス
【現代日本語書き言葉均衡コーパス】

国立国語研究所が構築した、現代日本語の書き言葉を収載した1億語規模のコーパス。略称BCCWJ〔←Balanced Corpus of Contemporary Written Japanese〕。2011年公開。現代の書籍、雑誌、新聞、ブログなどから無作為にサンプルを抽出し、形態素解析を施したもの。国語辞典では、『現代国語例解辞典』第5版の編集に活用され、表記、見出し語形、類語対比表などの検討に用いられた。

げんだいようごのきそちしき
【現代用語の基礎知識】

辞書 自由国民社が毎年発行する、時事用語および新語を分野別に解説した辞典。1948年、雑誌『自由国民』の特別号として創刊。新語の発生時期を推測するのにも欠かせない資料。略称、現基知。

げんぶしょぼう
【玄武書房】

『舟を編む』に登場した架空の大手総合出版社。神保町に所在し、社屋は近代的な本館（新館）と辞書編集部の入る別館（旧館）からなる。『玄武現代語辞典』、小型辞典『玄武学習国語辞典』（通称『玄学』）、漢和辞典『字玄』、中型辞典『大渡海』を刊行。映画・アニメ版では、『玄武国語辞典』も刊行する。辞事典類は辞書編集部が手がけるならわしで、人気ゲーム「ソケットブースター」の関連書籍『ソケブー大百科』も編集。映画では、新館本社の外観に千代田ファーストビル東館が、旧館には隣のビル西神田が用いられた。新館内部は小説の版元・光文社がロケ地。辞書編集部はセットで、辞書制作指導で参加した三省堂の山本康一が、その場でこのまま仕事ができると感心するほどのリアリティだった。

けんぼうせんせいと
やまだせんせい
【ケンボー先生と山田先生】

テレビ 2013年4月にNHKBSプレミアムで放送された特別番組。副題「辞書に人生を捧げた二人の男」。ディレクターは佐々木健一。『明解国語辞典』を共に編んだ見坊豪紀と山田忠雄がいかにして袂を分かつに至ったかを、丹念な取材と再現ドラマで描く。薬師丸ひろ子がナビゲーターを務めた。翌年、『辞書になった男 ケンボー先生と山田先生』として書籍化された。

参考 ➡ 1月9日

けんぼうひでとし
【見坊豪紀】

人物 （1914-1992）辞書編纂者、用例採集者。大和田建樹の旧宅で生まれる。1936年、東京帝国大学に入学。山田忠雄は橋本進吉ゼミの同期。柴田武は後輩。卒業後、金田一京助から『小辞林』改訂を引き受けた。山田に校閲、金田一春彦にアクセント表示を頼んで1年間余りで脱稿。1943年『明解国語辞典』として刊行し、編纂の過程で「辞書＝かがみ論」を形成した。1957年、国立国語研究所入所。この頃から味岡善子らに用例採集の手伝いを依頼。1960年「ことばの写生」による意味記述を試みた『三省堂国語辞典』を刊行。その後拠点を「明解研究所」と名付け、『言語生活』誌に「ことばのくずかご」を連載した。1968年、用例採集に専念すべく国立国語研究所を退職。家族に予告しておらず、妻は「今日から仕事に行かない」と当日知らされて驚いたという。1972年、『新明解国語辞典』初版刊行にからんで山田と不仲に。1974年『三省堂国語辞典』第2版を刊行し、晩年の第4版まで編集主幹。1960年末から不断の用例採集をライフワークとし、作業法やカードの設計にもノウハウを構築。山田に「用例採集の唯一人者」と評された。生涯で集めた用例カード「見坊カード」は推定145万枚に上り、見坊の頭脳とも言える存在だった。カードは自身の辞書編纂のほか、研究者仲間の依頼や石山茂利夫の取材にも惜しみなく提供された。著書に『ことばの海をゆく』『辞書をつくる』『現代日本語用例全集』3巻（未完）など。『ことばのくずかご』シリーズの終

盤では武藤康史らが共著。『日本国語大辞典』初版の編集委員、『三省堂現代国語辞典』（現『三省堂現代新国語辞典』）では編集顧問を務めた。参考 ➡ 1月9日、ケンボー先生と山田先生

（見坊豪紀）

げんりん
【言林】

辞書 1949年に全国書房から刊行された国語辞典。項目数15万。戦火で頓挫した『辞苑』改訂版の校正刷をもとに編まれた、新村出の戦後最初の国語辞典である。現代かなづかいが全面的に採用された。実著者は溝江八男太で、「異常な神速さ」で編纂したという。新村の京大での最後の教え子である浜田敦も参画した。1961年、「新版」として小学館から再刊。また、1949年には学習版として『小言林』（1955年増補し『ポケット言林』に改題）も刊行された。

こい
【恋】

有名項目 辞書で取り沙汰されやすい項目のひとつ。近年、性的指向に関する社会の寛容化が進み、恋をする対象についての記述が注目される。『日本国語大辞典』初版（1972年）は「異性（時には同性）に特別の愛情を感じて思い慕うこと」として早くから同性の恋に言及した。この語釈は、同書をベースに編まれた『現代国語例解辞典』（1984年）にも引き継がれた。『明鏡国語辞典』は第2版（2010年）から「特定の異性（まれに同性）を強く慕うこと」、『三省堂国語辞典』は第7版（2014年）から「人を好きになって、会いたい、いつまでもそばにいたいと思う、満たされない気持ち（を持つこと）」と「異性」を説明から除いた。総じて、現実に即した記述を重んずる、または新語に強い辞書で語義から「異性」の要素を取り除く傾向にある。映画『舟を編む』で馬締光也（松田龍平）が書いた語釈は「ある人を好きになってしまい、寝ても覚めてもその人が頭から離れず、他のことが手につかなくなり、身悶えしたくなるような心の状態。成就すれば、天にものぼる気持ちになる」で、やはり「異性」と限定していない。参考 ➡ 恋愛

種だけは　ええええたほうが　すべてを　越えるのが恋だ

（恋）

ごい
【語彙】

□ 辞書学 一定の範囲で用いられる語の総体のこと。国語辞典は、日本語の語彙をまとめたものである。□ 辞書 1871年から1884年にかけ文部省から刊行された五十音順の国語辞典。国学者8人が編者となり、編輯寮（後に編輯局）で編纂された。西洋の辞書が参考にされていないなど当初から不備があり、また「あ」の部と「い」の部の間が10年空いて編集方針も大きく変わるなど混乱。編輯局の廃止も原因となり、第13巻「え」の部で中断し未完に終わる。『雅言集覧』の影響が色濃く見出し語は雅語が中心だが、俗語も収録した。語義区分を設けるなど近代的な国語辞典の特徴が見られ、体裁や語釈の一部は『言海』にも継承された。

ごいじしょけんきゅうかい
【語彙・辞書研究会】

組織 語彙・辞書に関する研究の進展を目的とする研究会。運営事務局が三省堂出版局内にある。1992年6月27日に第1回が開催されて以来、毎年2回ずつ開かれており、辞書をテーマにしたシンポジウムや講演会が持たれることも多い。

こうじえん
【コージ苑】

作品 相原コージのギャグ4コマ漫画作品。1985年から1989年にかけ、『ビッグコミックスピリッツ』で連載。題名は『広辞苑』のもじりで、1本目は「愛」、2本目は「間の手」というように、一単語をテーマとした4コマ漫画が五十音順に連載された。各語にはオリジナルの語釈も添えられている。単行本の装丁も『広辞苑』を模しており、1～3巻をそれぞれ「第一版」「第二版」「第三版」と称する。凡例には「この辞典は、国語辞典であるとともに、視覚人間たる現代人の興味に対応すべくビジュアルな漫語辞典として編集された」とあり、国語辞典を自称している。

相原コージ
『コージ苑』第一版～第三版
1985 ～ 1989、小学館文庫

こうじえん
【広辞苑】

辞書 岩波書店から刊行されている中型国語辞典。新村出編。初版1955年。最新第7版は2018年刊で項目数25万。中型辞典としては戦後最も普及した。エッセイなどでは「『広辞苑』によれば」という常套句がさかんに使われ、国民的辞書とも称される。語釈は歴史主義で、原義から新しい意味へと語義を排列。新語の立項には抑制的だが、改訂のたびに新項目がニュースで報じられるのも恒例。戦前に博文館から刊行されていた『辞苑』の

改訂版にあたる辞書。1948年に編集部が開設され、市村宏が主任につく。市村はたびたび新村に質問状を送り、あくまで新村の辞書になるよう努めたという。刊行の前年には、「夏の陣」と呼ばれる百科項目の補修作業が行われた。この時、大野晋が基本語の扱いの粗略なことを指摘し、基本語約1000語の書き直しも始まった。書名については、新村は『辞海』『辞洋』を希望したが、三省堂から『辞海』が刊行され、一旦『新辞苑』に決まる。ところが、博文館から『辞苑』の版権を継承した博友社が『新辞苑』を商標登録しているとわかり、『広辞苑』に改名した。しかし結局、博友社、また書名の似る『広辞林』を刊行する三省堂から訴訟を起こされた（いずれも和解）。1969年刊の第2版からは、編者側が語源・語誌・外来語を、書店側がその他の百科・国語項目を担当するという形で契約された。1983年刊の第3版は、新村出遺著刊行会（後に新村出記念財団に改組）と書店が協同で改訂に当たることとし、国語部門の総括責任者に金岡孝がついた。山口明穂は金岡に誘われ第3版から編纂に参加し、1991年刊の第4版から国語項目の責任者。また、第3版ではコンピュータ組版を導入し、1987年には国語辞典として初めてCD-ROM版を発売した。第4版では新村出記念財団内に設けられた、岩波書店の担当者も参加する「刊行委員会」が責任を負う形をとった。以後も財団と書店が協同で改訂に当たりつつ今日に至る。財団の代表理事であった阪倉篤義は全項目を校閲したといい、第3版・第4版では序文も執筆。第7版で国語項目の責任者は木田章義に交代した。2008年の第6版では小冊子「広辞苑一日一語」、2018年の第7版では三浦しをん著「広辞苑をつくるひと」が特典についた。2018年からはイベント「広辞苑大学」も開催されている。 参考 ➡ いけ面、LGBT、クロス×ロゴス、秀英体、新村猛、他山の石、たほいや、同性愛、那智黒、美少年、プロジェクトX、ユニクロ、んとす、ん坊

（広辞苑）

こうじえんだいがく
【広辞苑大学】

催事 岩波書店などで構成される「広辞苑大学実行委員会」が運営するイベント。「テキストは『広辞苑』だけ」をコンセプトに様々な分野の講師が講義をしたり、『広辞苑』にまつわる展示を行ったりする催し。第7版の宣伝のため2018年1月に第1回が開催され、養老孟司、谷川俊太郎、サンキュータツオらが講師を務めたほか、三浦しをんと平木靖成の対談や、テレビ番組『たほいや』の出演メンバーによるたほいやなどが行われた。その後も不定期に開催。

こうじえんによれば
【『広辞苑』によれば】

(句) 話題にしようとする物事の大まかな意味を確認するため、話の枕に出てきがちなフレーズ。荒垣秀雄は「「『広辞苑』によれば」という引用の仕方は権威がある」と第2版の広告で書いたという。しかし、ほとんどの場合引用元が『広辞苑』である必然性はない。

こうじりん
【広辞林】

(辞書) 『辞林』の改訂版にあたる、三省堂から刊行されていた中型国語辞典。1925年刊。和語は歴史的仮名遣い、字音語は表音式仮名遣いの見出しとし、項目も12万5000と大幅に増補された。『辞林』に引き続き、足助直次郎が中心となり編纂された。1934年に「新訂版」。『辞林』以降中型辞典の雄の座にあったが、1955年の『広辞苑』に部数で敗北し、急場しのぎの3年弱の編集で1958年『新版広辞林』として刊行。語釈は口語体、見出しは現代かなづかいとなり、当用漢字が採用されたが、編者の金沢庄三郎は賛同しなかった。その後本格的な改訂がなされ、1967年、営業部の判断で『三省堂新国語中辞典』に改題し刊行。しかし売れ行きは芳しくなく、1973年、書名を『広辞林』に戻し第5版として刊行された。この数字は、『辞林』を初版として数えたものである。1983年の第6版をもって改訂は途絶え、三省堂の中型国語辞典の椅子は『大辞林』に譲ることになった。『明解国語辞典』の母体である『小辞林』は『広辞林』の袖珍版。

（広辞林）

こうせい
【校正】

(辞書学) (名・他サ) 書籍などの編集工程において、それ専用に仮に文字を組んで出力したものについて、原稿と突き合わせて誤りを正したり、決まりに従って体裁を整えたり、必要に応じて加除訂正を行ったりする作業。校閲。一般的な書籍では、校正は1～2回で済ますことが普通だが、誤りの許されない辞書では、校正を5回、6回、またそれ以上行うことも少なくない。

こうだんしゃこくごじてん
【講談社国語辞典】

(辞書) 講談社が刊行していた小型国語辞典。初版1966年。久松潜一、林大、阪倉篤義監修。実質的な編者は久松の教え子であった桐原徳重。桐原は既存の辞書に物足りなさを感じて1957年頃から独自に辞書を編纂しており、同時期に国語辞典に参入しようとしていた講談社が刊行を引き受けた。用字用語辞典としての役割を重視しており、初版の表記欄では標準的な表記、仮名書きが適当な表記、その他の表記、適切でない表記、難読語と5種類の括弧を使い分けた上、当用漢字補正案漢字、補正案削除漢字にもそれぞれ記号を与えていた。

1979年には『国語辞典』の書名で講談社学術文庫にも入っている。『日本語大辞典』の国語項目の基盤にもなった。2004年の第3版をもって絶版。

こうだんしゃるいごじてん
【講談社類語辞典】

辞書 ➡ 類語大辞典

こうほういっち
【後方一致】

デジタル デジタル辞書における見出し語の検索方法のひとつ。検索の文字列が見出し語の末尾に一致するものを結果として返す。たとえば、「がえる」で後方一致検索をすれば「雨蛙」「裏返る」「翻る」などが表示される。共通の語が下につく言葉や、脚韻を踏める言葉などを探すのに用いることができる。 参考 ➡ 逆引き、完全一致、前方一致、部分一致

こうもく
【項目】

辞書学 辞書を構成する単位。見出し語と、それに関する情報を記述する語釈からなる。また、入れ子構造の下位項目を持つ場合がある。 参考 ➡ 親見出し、子見出し

こうもくすう
【項目数】

辞書学 辞書に載る見出し語の数。語数とも。項目数による国語辞典の分類では、多巻本で50万項目を採録する大型辞典、20万〜30万の中型辞典、6万〜9万の小型辞典とされる。中学生向け学習国語辞典は4万〜6万、小学国語辞典は2万〜4万項目程度。辞書の規模は、用途（客層）、判型とページ数、採算性、ライバル辞書の動向といった要因で決まる。新語への対応だけでなく広告でのアピールしやすさから、項目は改訂ごとに増大する傾向にある。辞書を量的に判断できる数少ない指標なので購入時に気にされがちだが、項目数が多いのがよい辞書とは限らない。「公称」の数字は当てにならないこともあるし、極端な場合は数え方を人知れず変えて、内容がほぼ変わらないのに改訂で数千項目増やしたように見せかける例も。

コーパス

辞書学 〔corpus〕言語研究のため、書き言葉や発話を大規模に集めた資料。言語資料体。日本語のものでは、国立国語研究所が構築した「現代日本語書き言葉均衡コーパス」「日本語話し言葉コーパス」などがある。網羅的なコーパスは辞書編纂の全体にわたり活用が可能で、見出し語の選定、語義の分析、適切な用例の掲出、位相の表示、表記の検討などに用いることができる。英語の辞書では、1987年の『コウビルド英英辞典』がコーパスを辞書編纂に導入し、日本でも三省堂が開発した「三省堂コーパス」を用いた『ウィズダム英和辞典』などが編纂されているが、国語辞典ではコーパスを全面的に活用したものはまだない。『現代国語例解辞典』第5版や『岩波国語辞典』第8版はコーパスを使用したことを謳っているが、その利用は限定的である。

こがた
【小型】

辞書学 項目数による国語辞典の分類で、携帯できるほど規模の小さいもの。国語辞典として最も種類が多く、数が出回る。B6判1000ページ超に項目数6万〜9万程度を収めるものを言い、『岩波国語辞典』や『集英社国語辞典』などがこれに当たる。紙幅の制限があるため中型辞典と比べると百科項目が手薄。一方、語の用法や表記に関する情報、コラムや補注は充実していることが多い。新村出は『広辞苑』初版の序文で、大型辞典を先に作り、それを抜粋・短縮して中型・小型辞典を作るのが本道と述べるが、日本の小型辞典は最初から小型として編まれたものが多い。

こがたばん
【小型版】

辞書学 内容はそのままに、活字・判型を小さくしたもの。現行の国語辞典では、『旺文社国語辞典』『三省堂国語辞典』『新明解国語辞典』『学研現代新国語辞典』が小型版を刊行している。⇔大型版

ごかん
【語感】

辞書学 その語がどんな感じかという印象。ニュアンス。「先生」と「教師」では、学校で教える人という意味は共通しているが、「教師」のほうが改まった感じがする。これが語感である。客観的な意味とは違って感覚的なものであるため、普通の国語辞典ではほとんど取り扱われてこなかった。中村明『日本語語感の辞典』は、語感の記

述に特化した唯一の辞書。

ごぎ
【語義】

辞書学 語の意味。「意味」に言い換えてもあまり影響のない場合もあり、本書でも厳密には区別していない。ただし「語義」は文脈に依存する意味には使いにくく、2行上の「本書」の意味は『辞典語辞典』と言えるが、それは「本書」という語の語義ではない。

ごぎくぶん
【語義区分】

辞書学 多義語など、複数の語義を持つ語の語釈に設けて、語釈を読みやすくするためのまとまり。ブランチとも。『言海』で初めて本格的に導入された。区分の方法に、語義を大きく捉える階層型と、細かく分ける平面羅列型がある。

こくご
【国語】

□ 辞書学 ➡ 日本語 □ 俗語 (造語)「国語辞典」の略。特定の国語辞典の書名を略称するときに用いる。 用例「岩波―」

こくごこうもく
【国語項目】

辞書学 国語辞典の項目のうち、一般語の項目。「百科項目」に対していう。

こくごじけんさつじんじてん
【国語事件殺人辞典】

作品 井上ひさしの戯曲で、しゃぼん玉座の旗揚げ公演。初演1982年。理想の国語

辞典の編纂に邁進する偏屈な国語学者の花見万太郎と弟子の山田青年が、人々から「いいえ」という言葉を買い占めようとする企業の陰謀に巻き込まれていく。『井上ひさしの世界』(1982年)ほかに所収。

（国語事件殺人辞典）

こくごじてん
【国語辞典】

一 辞書学 日本語の単語や句を一定の基準のもと網羅的に集め、それぞれにその意味、用法、品詞、発音、表記、出典、語源などを示した一言語辞書。国語辞典。日本辞書、日本辞典ともいった。規模によって小型、中型、大型に分類することが多い。古くは院政期の『色葉字類抄』などがあり、江戸期には簡便な節用集が広く用いられた。近代的な体裁は江戸末期から編まれた雅語辞典や官撰の『語彙』などにその萌芽が見え、大槻文彦編『言海』(1889～1891年)により完成をみた。同時期には『ことばの泉』など固有名詞をも取り込んだものも現れ、『辞林』『辞苑』など百科事典を兼ねた国語辞典へとつながってゆく。大正

期から昭和初期には、松井簡治の『大日本国語辞典』、『言海』を増補した『大言海』など、膨大な出典を備えた多巻本の国語辞典が現れ、後の辞書が模範とした。小型辞典では、見坊豪紀の『明解国語辞典』(1943年)が普及。小型辞典は貧弱なものだという世評を覆した本格的な内容で、後発の辞書の範型となった。今日では、大型辞典に『日本国語大辞典』があり、中型辞典では『辞苑』を改訂した『広辞苑』が典型と目されている。小型辞典は『明解国語辞典』から派生した『三省堂国語辞典』『新明解国語辞典』のほか群雄割拠の様相を呈する。戦後から作られ始めた小学国語辞典は辞書引き学習の普及などに伴い活況。近年では『新解さんの謎』や『舟を編む』などでちょっとしたブームも起こったが、国語辞典全般の売り上げは右肩下がりである。
参考 ➡ 辞書 三 辞書 1904年に修学堂書店から刊行された国語辞典。林幸行著、南条文雄増補。「国語辞典」の名を初めて書名に用いた国語辞典である。

（国語辞典）

こくごじてんナイト
【国語辞典ナイト】

催事　2014年から不定期に開催されている、国語辞典について演者が面白おかしく語り合うトークイベント。国語辞典マニアであるライターの西村まさゆきが企画し、2014年11月、飯間浩明をゲストに迎え東京カルチャーカルチャーで第1回が開催。2016年の第2回で見坊行徳が、2017年の第3回で稲川智樹が加わり、以来西村、飯間、見坊、稲川がレギュラーメンバーとして出演。これまでにサンキュータツオ、境田稔信、平木靖成、神永曉ら豪華なゲストを迎え、毎回会場を爆笑の渦に包む。「逆からブランチ」など、辞書を用いた新しいゲームも創案した。2018年からは三省堂の「今年の新語」とコラボ。2019年には大阪にも進出した。

こくごじてんのあそびかた
【国語辞典の遊び方】

書名　国語辞典の面白さを説いた、サンキュータツオの著書。2013年、角川学芸出版（現KADOKAWA）刊。2016年に文庫化。11種類の辞書を男性キャラクターに擬人化し、国語辞典には個性があるということを世に知らしめた。正式タイトル『学校では教えてくれない！　国語辞典の遊び方』。校正は境田稔信。文庫版の解説に三浦しをん。

サンキュータツオ
『学校では教えてくれない！
国語辞典の遊び方』
2016、角川文庫

こくごだいじてん
【国語大辞典】

辞書　小学館から1981年に刊行された中型国語辞典。尚学図書編。項目数24万6000。扉の題字は井上靖の揮毫。『日本国語大辞典』を要約して一冊ものとし、時事用語を中心とする新語を追加したもの。新語の立項は、同年に出た平凡社『世界大百科事典』の改訂版に新語が多数載っていたことをうけて、刊行半年前に急遽決まったという。尚学図書に入社したばかりの神永曉が初めて編集に参加した辞書である。1988年、新装版刊。デジタル辞書「Microsoft Bookshelf」にも収録された。『現代国語例解辞典』『言泉』⬇は本書を基礎に編集されている。

こくごにかんする
よろんちょうさ
【国語に関する世論調査】

文化庁が1995年から毎年実施している、日本語についての意識調査。辞書の利用に関する質問が行われる年もあるなど、設問は多岐にわたっているが、報道では慣用句などの意味や用法を問う質問の結果のみがクローズアップされることが多く、ここで「本来の意味ではない」とされた意味が誤用であるとして指弾されがちである。なお、調査はあくまで「辞書等で主に本来の意味とされるもの」とそうでないものを区別するだけで、誤用かどうかの判断は行っていない。『大辞泉』では、調査の結果を補説に引用している。

こくみんてきじしょ
【国民的辞書】

俗語 国民の間ですっかり普通になった辞書。『広辞苑』の枕詞として用いることが多いのは、1983年頃、第3版の広告で「国民的な辞書」を自称したのが始まりか。それ以外の辞書も言う場合があり、『大辞林』は「21世紀の国民的辞書」を合言葉に編纂された。『新明解国語辞典』も広告や序文で「国民的国語辞典」を自称していた。**用例**「900万の読者を持つ―」「―と言われる『広辞苑』」

こくりつこくごけんきゅうじょ
【国立国語研究所】

組織 日本語学・言語学・日本語教育研究などの研究機関。通称は国研、国語研、NINJAL（ニンジャル）。1948年、文部省の機関として設立。現在は大学共同利用機関法人人間文化研究機構が所管し、東京都立川市に所在。国語に関する政策を決定するための基礎調査や、コーパスなどデータベースの構築といった重要な事業を担う。初代所長は西尾実、第2代所長は岩淵悦太郎と、伝統的に『岩波国語辞典』との関わりが深い。所員に石黒修、市川孝、金田一春彦、見坊豪紀、柴田武、水谷静夫などがいた。現代語辞典、方言辞典、歴史的国語辞典の編纂と刊行が設立目的に含まれていたが、『沖縄語辞典』（1963年）、『分類語彙表』などを刊行しながらも「歴史的国語辞典」は着手できずにいた。1977年、第3代所長林大がこれを数百年がかりでも完成させるという意気込みで、全時代の日本語を集成する用例辞典『日本大語誌』構想を立ち上げた。飛田良文らが事業を推進したが、予算の削減などから実現しなかった。年次のオープンイベントでは、国語辞典に関する子供向けワークショップも開いている。

こくりつこっかいとしょかん
【国立国会図書館】

施設 東京都千代田区にある国立国会図書館。国立国会図書館法にもとづき1948年に設置された。略称NDL〔←National Diet Library〕。国内の出版物はすべて国立国会図書館への納本が義務づけられている。辞書や関連する資料の閲覧のため、辞書マニアなら誰もがお世話になる施設である。もっとも、残念ながら収蔵されていない資料も少なからずある。また、学習辞典は支部の「国際子ども図書館」に収められていることもあるので、無駄足にならないよう注意。デジタル資料を提供するサービス「国立国会図書館デジタルコレクション」では、著作権が切れた古い辞書をインターネットで閲覧することもできる。

国会図書館書庫のようにこれからもたゆまず器を広くしていく予定だ

なにぬねの例え

（国立国会図書館）

ごげん
【語源・語原】

辞書学 ある語句がそのような形・意味となった歴史的な理由。大槻文彦が辞書に備えるべきと考えた5つの事柄のうちのひとつ。もっとも、日本語は系統が明らかでないので、根本的な語の語源を考えることには限界がある。一般向けの国語辞典では、語源はあまり取り扱われず、一部補説で触れられる程度である。人々の語源に対する雑学的関心は高く、一般書も多く出ているが、学問的に信頼できるものは少ない。専門の辞典には、小松寿雄・鈴木英夫編『新明解語源辞典』、杉本つとむ『語源海』、前田富祺監修『日本語源大辞典』、山口佳紀編『暮らしのことば新語源辞典』などがある。 参考 ➡ 銀ぶら、大言海

こご
【古語】

辞書学 現代の標準語としてはすでに用いられなくなった、昔の日本語。普通は江戸時代を含むそれ以前の言葉を指す。古典語。現代の国語辞典でも、現代語との連続性を考慮し、あるいは国語の授業で用いることを念頭に、古語を見出しに含むものが少なくない。 参考 ➡ 古語辞典

ごこうせい
【語構成】

辞書学 ある語が、複数の要素が組み合わさって形成されているとき、その組み合わさり方。「語構成」の場合、大きく見れば「語」と「構成」、細かく見れば「語」と「構」と「成」から構成されている。国語辞典では、仮名見出しにおいて「ご　こうせい」「ご-こうせい」のように空格やハイフンを用い、原則的にはふたつに区分して語構成を示すものが多い。

こごじてん
【古語辞典】

辞書学 もっぱら古語を見出し語とした国語辞典。雅語辞典がそのはしりであるが、現代において典型的な古文学習用の古語辞典は1953年の『明解古語辞典』が最初。用例に全文訳を添える「全訳」方式は北原保雄編『全訳古語例解辞典』（1987年）が創始し、今日では多数の学習古語辞典が取り入れるに至っている。専門的な大部の古語辞典には、1982～1999年刊の『角川古語大辞典』（全5巻）、1967～2001年刊の三省堂『時代別国語大辞典』、一冊ものとしては最大の小学館『古語大辞典』（1983年）などがある。

ごし
【語誌・語史】

辞書学 その語がいつ生まれ、語形・意味・用法などがどのように移り変わってきたかということ。歴史主義の国語辞典では、語義が古い順に排列されるため、順に読んでいけば語誌をたどることができる。『日本国語大辞典』は第2版で「語誌」欄を新設し、一部の語にはさらに詳しい説明を施した。現代主義の辞書でも、補説やコラムを用いて語誌を解説するものがある。

こじしょ
【古辞書】

（辞書学）古い辞書。その時期の日本における言葉の用法や、日本と関係のあった国の言葉に対する理解などを知る手がかりとなる。ふつう室町末期までに編まれたものを言うが、現代に軸足を置く本書では明治期より前に編まれたものをすべて「古辞書」として、江戸期に編まれた『和訓栞』『雅言集覧』『俚言集覧』などにも分野ラベルを付した。

ごじてんシリーズ
【○○語辞典シリーズ】

（辞書）誠文堂新光社が刊行する、特定の事柄に関係する言葉を集めた辞典のシリーズ。2013年の『パン語辞典』に始まり、『プロレス語辞典』『宝塚語辞典』『村上春樹語辞典』『シャーロック・ホームズ語辞典』などテーマは広範。雑学的知識を多く盛り込み、読んで楽しめることを旨とする。理解を助けるオールカラーのイラストも楽しい。本書もこのシリーズの一冊。

ごしゃく
【語釈】

（辞書学）（名・他サ）見出し語の意味の解説。定義とも。辞書の項目の構成について言う場合は、用法、用例、補注も含め、見出し語に付属するすべての部分を表すことがある。同義語で置き換えるか、文章で解き明かすかなど、国語辞典の語釈の方法は編集方針次第だが、難しい言葉をやさしい言葉で説明するのが一般的。動詞としても用いる。（用例）「独創的な―をつける」「『右』を『偶数ページのある側』と―する」

（語釈）

ごしゅ
【語種】

辞書学 出自によって日本語の単語を分類した種類。和語、漢語、外来語、混種語に大別される。国語辞典では、見出しの仮名や書体によって語種の違いを示している。

ごじゅうおんじゅん
【五十音順】

辞書学 項目の排列方法のひとつ。見出し語の仮名を順にみて、アに近い字で始まるものを先に、文字数の少ない見出し語から並べる方式。同じ仮名の場合は、清音から濁音・半濁音あるいは拗音・促音から直音へと並べるが、辞書により方針が異なる。辞書として初めて五十音順の排列を用いたのは『温故知新書』で、いろは順が主流であった室町期に成立した。その後、明治期まで五十音順は傍流だったが、特に『言海』以降勢力を増し、現在の国語辞書では最もふつうの排列方法である。 参考 ➡ 福沢諭吉

ごしょく
【誤植】

辞書学 文字の間違い。正確さが期待される辞書にとって忌むべき存在であり、これを撲滅せんがために辞書では念入りな校正を行う。が、誤植のない辞書はない。「徐行」を「除行」とした『新明解国語辞典』初版、「誤謬」を「説謬」とした『岩波国語辞典』第3版などが、不運にも誤植の多いまま世に出てしまった辞書として知られる。 参考 ➡ 正誤表

完璧な人間に欠点が見えると逆に魅力的でしょ？。

校閲のキミが言うのはどうかな

（誤植）

五十音順も撲滅する会

青木

わかる—

相原

会田

あるある

愛甲

青山

なにをするにもいつも一番に呼ばれるのがほんと苦痛で…

（五十音順）

こしょてん
【古書店】

主に中古の本を取り扱う店。古本屋。古い辞書の捜索、購入には欠かせない場所。辞書の取り扱いで有名な古書店には、西神田の日本書房、西秋書店などがある。ブックオフなどの新古書店でも思わぬ掘り出し物に巡り会えることがある。

ごすう
【語数】

辞書学 ➡ 項目数

こせい
【個性】

辞書学 同種のものの中からそれを際立たせる、固有の特徴。辞書に差などなく、引けばどれも無味乾燥に同じ意味が書いてある、という誤解は根強いが、どの辞書にも必ず個性がある。それは見出し語の選定、語釈の方法や語義区分の仕方、受信用・発信用、記述主義・規範主義といった辞書ごと、版ごとの方針の違いで自然と生じてくるものである。また、編者自身の人柄も、辞書の随所ににじみ出てくることがある。

ことしのしんご
【今年の新語】

催事 三省堂が毎年開催しているキャンペーン。その年に広く用いられた新語のうち、今後の辞書に採録されてもおかしくないものを募集し、三省堂の国語辞典の編者がトップテンを選定する。「新語・流行語大賞」の向こうを張る企画で、こちらは「今後の辞書に載りそうなものが選ばれる」というのがミソ。飯間浩明が独自に行った「今年からの新語2014」を前身とし、2015年から始まった。2018年からは、選考発表会で「国語辞典ナイト」とコラボしている。これまでの大賞は、「じわる」（2015年）、「ほぼほぼ」（2016年）、「忖度」（2017年）、「映(ば)える」（2018年）、「ペイ」（2019年）、「ぴえん」（2020年）。

（今年の新語）

ことてん

辞書学 事典(じてん)のこと。同音の「辞典」「字典」と紛れないようにした言い方。
参考 ➡ ことばてん、もじてん

ことばあそび
【言葉遊び】

音声・文字の並べ方や類似性などに注目して、言語表現を作ったりやり取りして楽しむこと。洒落、しりとり、回文、アナグラム、地口などがある。多くの国語辞典ではこれらの項目で、説明のために例示をしている。それぞれの工夫や、工夫のなさを見比べてみると楽しい。

あきらメロン

30,000

（言葉遊び）

ことばえらびじてんシリーズ
【ことば選び辞典シリーズ】

（辞書）学研プラスが発行するコンサイス判の辞書のシリーズ。『ことば選び実用辞典』（2003年）が、2016年になっていわゆる「創作クラスタ」にネットで注目され、大ヒットした。以来『感情ことば選び辞典』『美しい日本語選び辞典』といった類語辞典や、コロケーション辞典『ことばの結びつき辞典』、表記辞典『漢字の使い分け辞典』など多数が、カラフルな装丁で刊行されている。一部は同社の既刊辞書を再編集した内容である。初期に刊行された5冊はアニメとコラボした特装版『エヴァンゲリオン×ことば選び辞典』としても発売された。

ことばてん

（辞書学）辞典（じてん）のこと。同音の「事典」「字典」と紛れないようにした言い方。
（参考）➡ ことてん、もじてん

ことばのいずみ
【ことばの泉】

（辞書）落合直文が編纂した国語辞典。大倉書店刊。1898年から翌年にかけ、本文4巻と、語法摘要や画数引きの漢字索引などを収めた「首巻」からなる5冊本として刊行された。1899年には一冊本も刊行。俗語、隠語、固有名詞も収め項目数は9万2000と当時最大。落合は1888年に用例採集を始め、1894年から本格的な編纂に着手。1896年にはおおかた完成したが、同年の『帝国大辞典』『日本大辞典』との競合を避け編纂を継続したという。池辺義象、畠山健が助力し、特に畠山は珍しい語を採集。今泉定介は独自に編んでいた辞書の原稿を譲った。漢字索引は赤堀又次郎の発案。1900年の第12版から巻末に「補遺」を足した訂正増補版となり、落合の没後1908年には子の直幸らが補遺を7万語増補のうえ別巻とした2分冊の大増訂版を刊行。1921〜1929年には、芳賀矢一がさらに増補して『言泉』となった。先行する『言海』とは項目、語釈、用例が大きく異なり見どころがあるが、改訂が続かなかったためか今日ではあまり顧みられない。

ことばのうみ
【言葉の海】

句 際限がないと思われるほどに広大で、奥深く豊かなものととらえられる、言葉の世界。言葉の茫漠たるありさまを海にたとえた言い方。『言海』の書名もこの表現に由来する。辞書編纂の事業はしばしば言葉の海をさまよいゆくさまにたとえられ、見坊豪紀の著書にも『ことばの海をゆく』がある。『舟を編む』に登場する『大渡海』は、辞書を言葉の海を渡るための舟であるとみた命名。

ことばのうみのおくがき

『言海』のあとがきにあたる大槻文彦の文章。家訓である「遂げずばやまじ」の精神に始まり、同書の編纂の過程が詳細に語られる。「後世いかなる学士の出でて、辞書を編せむにも、言海の体例は、必ずその考拠のかたはしに供へずはあらじ、また、辞書の史を記さむ人あらむに、必ずその年紀のかたはしに記しつけずはあらじ」という予見は全くその通りとなった。末尾は『言海』の書名の由来となった藤原良経の歌「敷島ややまと言葉の海にして拾ひし玉はみがかれにけり」と、英語のことわざ「There is nothing so well done, but may be mended.」で結ばれている。 参考 ➡
露命

ことばのうみへ
【言葉の海へ】

書名 高田宏（1932-2015）による大槻文彦の評伝。1978年刊。近代国家の萌芽の中にあった『言海』編纂の過程をドラマチックに描く。当時忘れられかけていた大槻の業績を世に知らしめた。

（言葉の海へ）

ことばのくずかご

書名 見坊豪紀による、用例採集で見つけた面白い言葉を紹介する雑誌連載。筑摩書房『言語生活』1962年6月号で始まり、コーナー名を「新・ことばのくずかご」に変更したり（稲垣吉彦・山崎誠・武藤康史と共著）、掲載誌を『ちくま』に移すなどしながら、1990年12月号まで続いた。単行本は『ことばのくずかご』（1979年）など5冊。新語・流行語や、誤用例なども幅広く取り上げ、1967年には「的を得る」が誤った語形として紹介された。見坊によれば、辞書にない言葉や、採録されにくい語を集めたつもりが、いつの間にか普及して辞書に載るものもあった。また、評論はできる限り抑制し、材料の提供に徹した。飯間浩明は、大学院生の頃この連載を読んで見坊に興味を惹かれていったという。

（ことばのくずかご）

ことばのしゃせい
【ことばの写生】

（辞書学）見坊豪紀が『三省堂国語辞典』で行った語釈の方法。その語を聞いて浮かぶイメージを言葉で明らかにすることで、日常に即した意味記述を目指した。見坊は、国語辞典の百科項目が図鑑の丸写しのようだと不満を感じていたが、この方法をもって国語項目的な説明を試みた。例えば、「水」の語釈について『三省堂国語辞典』初版では「酸素と水素の化合物」のような書き方をやめ、「われわれの生活になくてはならないすきとおったつめたい液体」とした。

ことばのはやし

（辞書）物集高見（1847-1928）が1888年に編纂した国語辞典。項目数2万4000。『日本小辞典』の語釈を引き継いでいる。『言海』以前に出た近代的体裁を持つ辞書のひとつ。1894年、増補し『日本大辞林』に改題。

ことばのみずきり
【ことばの水切り】

（ゲーム）辞書を使った遊びのひとつ。国語辞典で項目をランダムに引いて、その語釈から1語を選び、その語で辞書を引き直す。項目があれば、その語釈からまた1語を選んで引き直して……と続けてゆく。このとき、立項されていない語を選んだり、同じ項目を再び引かざるを得なくなったりしたら負け。広く行われる遊びながら共通した名前はないと思われるが、ここで解説するにあたり、歌人の山田航（わたる）（1983-）

が「ことばの水切り」という美しい命名を行っていたので見出し語として採用させていただきました。

ことバンク
【コトバンク】

（デジタル）GROUP VOYAGEと朝日新聞社が共同で運営する無料のデジタル辞書。2008年にオープンした「みんなの知恵蔵」を前身とし、2009年にオンライン辞書が開設され、2011年からアプリも公開された。『デジタル大辞泉』、『精選版日本国語大辞典』や、『日本大百科全書（ニッポニカ）』、『世界大百科事典』第2版（抜粋）、朝日新聞社の「時事キーワード」などの辞書・用語集をまとめて引ける。無料なのに信頼性のある辞書が引けて実に重宝。

（コトバンク）

ごびゅう
【誤謬】

有名項目 まちがい。辞書に誤謬があってはいけないが、あるべき箇所に「誤謬」がなかったことがある。『岩波国語辞典』第3版は、初刷で「誤謬」の見出しが「説謬」になっていた。同書の制作では岩波書店が初めてコンピュータ組版に挑んだため他にも誤植が多く、1970年3月6日付「夕刊フジ」で大きく取り上げられてしまい、同社は正誤表の添付に追われた。本文の誤りを正して刷り直した第3版の中には、奥付で第1刷とされたままのものもあるという。

ごべつ
【語別】

辞書学 ➡ 品詞

ごほうしなん
【語法指南】

『言海』の巻頭にある日本文法の概説。大槻文彦著。大槻は辞書の編纂のためにはまず文法があらねばならないと認識し、1878年に文法会を結成して討議を重ね、「日本文典」（未刊）にまとめた。語法指南はその摘要にあたる。1897年、増補し『広日本文典』として刊行。

こみだし
【子見出し】

辞書学 辞書の見出しのうち、他の見出し（親見出し）に従えられている見出し。親見出しの語を先頭にもつ複合語や成句がこれにあたる。子見出しを設けるかどうか、どこから子見出しとするかは辞書によって異なる。子見出しとして示される項目を子項目という。 参考 ➡ 追い込み

こゆうめいし
【固有名詞】

辞書学 あるひとつの物事を他の同類の物事と区別するために与えられた、固有の名前。人名、地名、書名、事件名など。一般に固有名詞は意味を持たないと解され、本来的に語の意味を解説するものである国語辞典の見出し語とはならない。しかし、固有名詞があったほうが便利だと考える利用者は多く、早くは明治期の国語辞典『ことばの泉』が固有名詞も豊富に採録している。百科事典を兼ねることを明確に打ち出した『辞苑』およびその改訂版である『広辞苑』は、中型国語辞典は固有名詞も取り扱うものであるという流れを決定づけた。小型国語辞典で固有名詞を広く載せるものは『角川必携国語辞典』など少数だが、国語の授業で使うことを念頭に、旧国名、作家名、文学作品名などに限って載せるものは珍しくない。

ごよう
【誤用】

辞書学 言葉の誤った使い方。専門的には、子供や学習者が言語習得の過程で起こす間違いについていうが、一般には、本来の用法から外れているとされる用法についていうことが多い。ある程度広まった誤用については、規範主義的な立場から、「誤って」「○○は誤用」などとして誤りであることを明記する国語辞典も少なくない。一方、記述主義的な立場をとれば、一度広まって定着した用法を誤用だと認めることは難しくなる。辞書によって、ある用法を誤用とするか正用とするか揺れがあるのはそのためである。また、一度は誤用であるとされた「的を得る」が、もともと誤用ではなかったと撤回されたというような例もある。 参考 ➡ 国語に関する世論調査

（誤用）

コラム

辞書学 〔column〕短い文章を載せる、特別の欄。学習用の性格の強い小型国語辞典では、コラムを設けて補足的なことを解説するものが少なくない。類義語や同音語の使い分けといった言葉の運用に関わる重要なものから、言葉に関する雑学的な知識を紹介するものまで内容はさまざま。

ごるい
【語類】

辞書学 語の形や、他の語とどう関わるかといった性質によって設けた、語の分類。「品詞」と言い換えられるが、『岩波国語辞典』においては、品詞の拡張概念で「用法の記述を精密にする」ものとしている。同書では巻末の「品詞概説」を第7版から「語類概説」に変更した。

これはやじてん
【コレハヤ辞典】

ゲーム コレからハヤる流行語を作り出すパーティーゲーム。作者はピグフォンのフジワラカイとソノヤママリコ。参加者は、数枚の文字タイルから音を選んで「ぽじゅぽじゅ」のような4拍の新語を作り、意味を考案する。他の参加者は、考案された意味のみわかる状態で新語の語形を当てる。ゲームに使う用紙は用例カードを模しており、ゲームのログを束ねるとそのまま辞書状になるのも楽しい。

コンサイスばん
【コンサイス判】

辞書学　横84ミリ×縦154ミリほどの判型。本来「簡約版」のことだが、現在その意味は消えている。三省堂『袖珍コンサイス英和辞典』（1922年）にて辞書の名前に初めて「コンサイス」が登場した。以来「コンサイス」を冠する書物が世に出回り、袖珍版・ポケット判の判型をも示すようになった。当の三省堂は名称をブランド化し「辞書はコンサイス」という広告看板も掲げる。2001年には『グランドコンサイス英和辞典』を出したが、書名が自家撞着している。

こんのしんじ
【今野真二】

人物　（1958-）日本語学者。清泉女子大学教授。2002年、『仮名表記論攷』で金田一京助博士記念賞受賞。極めて多作で、『『言海』と明治の日本語』『『言海』を読む』『辞書からみた日本語の歴史』『辞書をよむ』『超明解！国語辞典』『漢和辞典の謎』『『日本国語大辞典』をよむ』『『広辞苑』をよむ』など辞書についての著書が多い。ジャパンナレッジでは、『日本国語大辞典』第2版編集長・佐藤宏との往復書簡「来たるべき辞書のために」を連載。山田孝雄の孫、山田忠雄・山田俊雄の甥に当たる。

こんやはなぞトレ
【今夜はナゾトレ】

テレビ　フジテレビ系で2016年から放送されているクイズ番組。ひらめきが要求されるクイズに出演者が挑戦する。主要なコーナーのひとつ「ひらめき国語辞典ナゾトレ」では、『例解小学国語辞典』『広辞苑』『数え方の辞典』などの見出し語から、「3文字の果物」「花の名前」など指定されたジャンルの言葉を五十音順に回答する問題が出題される。「5文字の山手線の駅名」など、出典が国語辞典ではないテーマも多く、あくまで「五十音順」であることが重要らしい。

辞書特有の言い回し❶

～の一。

☞　語釈の1文目によくある辞書的表現。仮に「亜鉛」を引いて「金属元素の一。」としか書いていなかったとしたら、一見役に立たないと思うかもしれない。大抵、どんな元素かは2文目以降でわかる。1文目だけですべて説明しようとすると、「…の金属元素。」と文末までそれが何だかわからず、効率が悪いのだ。「一」の読み方について、岩波書店の増井元は「ひとつ」でも「いつ」でもよく、読まずとも意味が取れるので問題ない、と述べた。が、読み方の曖昧さは不評だったらしく、かつてこの言い回しが頻出した『広辞苑』は、改訂によって「～の一。」がほぼ絶滅に追い込まれている。

さいとうせいすけ
【斎藤精輔】

人物 (1868-1937) 辞書編纂者。毛利家の家庭教師をしていた1887年、三省堂の創業者である亀井忠一に誘われて『ウェブスター氏新刊大辞書和訳字彙』の編纂に参画したのち、辞書編纂に専念。1891年に三省堂編輯所を開設し、各種の英和・和英辞典や、三省堂初の国語辞典である『帝国大辞典』をはじめ数多の辞書を編集ないしは監督した。1898年には日本初の百科事典といえる『日本百科大辞典』を企画。刊行途中の1912年に三省堂は資金難で倒産してしまうが、各界の支援を得て事業を継続、1919年に完成させた。明治・大正期の三省堂の辞書事業の中核を担った人物である。足助直次郎は同郷の親友。自伝に『辞書生活五十年史』。

（斎藤精輔）

072

さいろく
【採録】

辞書学 (名・他サ) 語や語義などを辞書に載せること。載録、収録、収載、登載などとも言うが、同じ意味である。 用例 「用例に基づいて辞書に―する」「―語を厳選する」「新語の―を追求した電子版」 参考
➡ 立項

さかいだとしのぶ
【境田稔信】

人物 (1959-) 校正者、辞書研究家。校正者になってから辞書収集を始め、7000冊を超える辞書コレクション「書香文庫」を築く。2日に1冊の割合で辞書を買い入れてきたが、最近では更にペースアップしているらしい。『言海』だけでも版違いなど270冊を備えるほど充実し、国立国会図書館にもない辞書が架蔵されるため、研究者がお世話になることもたびたびという。名称は『言海』奥付の「三世書香」から取って命名された。校正者として『広辞苑』『大辞林』『新明解国語辞典』『字通』『角川新字源』など多数の辞書やサンキュータツオ『学校では教えてくれない! 国語辞典の遊び方』に携わった経歴を持つ。共編書に『明治期国語辞書大系』。三省堂 WORD-WISE WEB で「三省堂辞書の歩み」を連載。 参考 ➡ じしょへん

さくじょ
【削除】

辞書学 (名・他サ) 改訂や増刷の際に既存の項目を削ること。大別すると、(イ)編集方針の変更による場合、(ロ)その項目が

廃語（いわゆる死語）となった場合、（ハ）その項目の立項が不適切だと考えられた場合に分けられる。（イ）では、『岩波国語辞典』が第5版で古語項目を削除したことがこれにあたる。（ロ）は現代語に特化した辞書で行われ、たとえば新語を積極的に載せる『三省堂国語辞典』は、その裏返しとして改訂のたびにかなりの語を削除している。歴史を重視する『広辞苑』はこのパターンの削除はほとんどしないが、改訂版が出ると、廃語が削られていることを期待したマスコミから削除項目を問われることも多いらしい。その『広辞苑』が第7版で削除した項目のひとつが「給水ポンプ」である。これは単純な複合語であるためあえて立項しなくてもよいと判断されたもので、（ハ）にあたる。項目名の変更や複数項目の統合などにより、見かけ上は項目が削除されているように見える場合もある。追加項目が大々的に宣伝されるのに対し、削除はひっそりと行われることが多い。

さくれい
【作例】

辞書学 用例②のうち、編者が考え出したもの。語義や用法を示すのには、典型的で簡潔な使い方の例示が効果的だが、理想的な実例が見つかりにくいこともある。作例であれば、挿し絵のように読者に見せたい部分を調整した用例を提供できる。現代語の項目の用例では作例が用いられることが多い。⇔実例

さしえ
【挿し絵】

辞書学 語釈に添えて、説明を補助するイラスト。挿画、図版とも。絵よりもそのものの写真の方が正確で優れていると思われがちだが、典型例を描けること、注目させたい特徴が背景に紛れずはっきりすることなど、絵には写真にまさるメリットがある。一般向けの国語辞典だと、生物や古い道具などの百科項目に挿し絵が多く、『広辞苑』第7版の場合は約2800点を掲載する。学習国語辞典では、動詞や形容詞・副詞、また慣用句・ことわざの類にまで挿し絵が付き、漫画になっていることも。たまに載っている、およそ参考にならなそうな変な挿し絵を探すのも、性格の悪い辞書マニアの楽しみ。 参考 ➡ ユニクロ

私 としえ
マイブームは パンのシール 集め

（挿し絵）

さっしじしょ
【冊子辞書】

辞書学 ➡ 紙辞書

さつまのかみ
【薩摩守】

有名項目 薩摩守平忠度(ただのり)と「ただ乗り」をかけたしゃれで、無賃乗車のこと。『大言海』には「忠度の故郷の花の歌、一首、俊成に採られて、読人不知にて、千載集に載りたれば、忠度も、只載かと云ふ、呵呵」という大槻文彦一流のジョークが書いてあり、しかも「呵呵」と自分で笑っちゃっている。

さべつご
【差別語】

辞書学 特定の人たちを不当におとしめる語。読解のために、あるいは記述主義に則り言葉を記録するために、辞書は差別語を収めることが避けられない。その中で、語釈などに配慮が足りなかったとして問題になることがしばしばある。国語辞典が抗議で差別語の扱いを見直した事例は、1974年に『広辞苑』から「朝鮮征伐」が削除された例や、1984年に『新明解国語辞典』が「貞淑」「老爺」などの語釈を第3版第31刷から変更した例、1991年に『広辞苑』が「同性愛」の語釈を変更したなどの例がある。

さんかくちゅうき
【▽注記】

辞書学 『岩波国語辞典』の語釈末尾にある注記。「▽」の記号に続けて、語源や語の使用時期、用法の注意など、ためになる情報が記される。水谷静夫の発案により初版から付される。「れる」の項目にみられる「ら抜き言葉(意図的に抜くのでないから適切には「ら抜け言葉」と呼ぶべきか)」

といった注記や、同じく「せる」での(「させていただく」を)「…乱用するのは(相手の了解を取ったことを前提とする表現になるから)押しつけがましい」など、編者の個性が垣間見える記述も多い。井上ひさしは、これを「5秒間の読物」と呼んで高く評価していた。

サンキューたつお
【サンキュータツオ】

人物 (1976-) 芸人、日本語学者。漫才コンビ「米粒写経」のメンバーとして活動しつつ、大学で非常勤講師も務める「学者芸人」。大学院で中村明に師事して国語辞典にはまり、200冊以上の辞書を収集する辞書コレクターとなった。2013年に『学校では教えてくれない! 国語辞典の遊び方』を上梓。2018年の『広辞苑』第7版では、サブカルチャー分野の項目の執筆を担当した。テレビ番組やイベントで国語辞典の魅力を説くこともしばしばで、米粒写経の2020年のライブツアーのテーマは「国語辞典」だった。雑誌『栄養と料理』に「このコトバ、国語辞典に聞いてみよっ」を連載中。 参考 ➡ ジショサポ

さんこく
【三国・サンコク】

略称 『三省堂国語辞典』の略称。三省堂が仮名書きする際は片仮名が用いられる。2014年から商標登録されている。 用例 「『にやり』と新明解、『すとん』と―」

さんせいどう
【三省堂】

出版社 東京都千代田区に本社をおく出版社。日本有数の辞書出版社で、『三省堂国語辞典』『新明解国語辞典』『大辞林』『時代別国語大辞典』などの国語辞典のほか、『全訳漢辞海』『新明解現代漢和辞典』などの漢和辞典、古語辞典、成句辞典、『ウィズダム』『グランドセンチュリー』などの英和・和英辞典、『クラウン』『コンサイス』『デイリー』シリーズをはじめとする各国語辞典、各種の事典や図鑑などを発行している。キャッチコピーは「辞書は三省堂」。1881年に亀井忠一・万喜子夫妻が古本屋の三省堂書店として創業し、2年後には出版にも参入。1884年、他社と合同で初めての辞書『英和袖珍字彙』を刊行し成功を収める。その後も、斎藤精輔らの尽力もあり、初の単独辞書出版『ウエブスター氏新刊大辞書和訳字彙』のほか、『帝国大辞典』『漢和大字典』『辞林』など辞書を続々と刊行した。初の百科事典『日本百科大辞典』発行のさなか、資金難で1912年に倒産。1915年に出版・印刷の部門を独立させて三省堂となり再起した。戦前から戦後にかけては、国語辞典では『広辞林』『明解国語辞典』『辞海』『三省堂国語辞典』『新明解国語辞典』などの名辞書を誕生させた。1974年に再び倒産し、編集中だった『大辞林』の企画売却も危ぶまれたが、1984年に再建完了。今日に至るまで精力的な出版活動を続けている。 参考 ➡ インディアペーパー、語彙・辞書研究会、コンサイス判、ジテンジャー

さんせいどう ウェブディクショナリー
【三省堂 Web Dictionary】

デジタル 三省堂が提供していた有料オンライン辞書サービス（一部無料）。イーストが開発し、2001年1月12日開設。立ち上げ当初は『デイリーコンサイス』の国語・英和・和英辞典が無料で開放され、有料会員はさらに『大辞林』『新明解国語辞典』など三省堂の13辞書が使えた。各界の著名人によるリレーコラム「ことばパティオ」もあり、2011年頃まで更新されていた。最終的には研究社『新英和大辞典』を含む24辞書が引けるにまで拡充。ネットさえ繋がれば種々の辞書が全文検索できて便利だったが、2020年9月30日にサービスを終えた。最初つけていた「e辞林」という時代を感じる通称は、いつの間にか消えた。三省堂デュアル・ディクショナリーとは別のサービス。

行うのはすごく大変

日に三度省みるから三省堂……らしいが

（三省堂）

さんせいどう
げんだいしんこくごじてん
【三省堂現代新国語辞典】

辞書 三省堂が発行する高校生向けの小型国語辞典。略称、「現新国」「三現新」。『三省堂国語辞典』の学習辞典としての面を前面に押し出す形で編集され、1988年に『三省堂現代国語辞典』として成立。1998年に現書名に改題した。当初は見坊豪紀に編纂が依頼されたが、市川孝が主幹につき、見坊は編集顧問として参画した。第5版からは小野正弘が主幹。最新版は2019年の第6版で、項目数7万7500。高校の教科書などから言葉を採集し、作家名や文学作品名などの固有名詞も立項する。語彙力を高めるコラム「ことばの世界」には類義語や慣用句がまとめられている。第6版は、「バズる」「草」などのネットスラングが多数立項されていることでも話題になった。 参考 ➡ ファイナルファンタジー

さんせいどうこくごじてん
【三省堂国語辞典】

辞書 三省堂が刊行する小型国語辞典。初版1960年。略称、三国（サンコク）。見坊豪紀が中心になって編纂し、ほかの編者に山田忠雄（第2版まで）、金田一春彦、柴田武（ともに第6版まで）、飛田良文、市川孝など。なかなか改訂の進まない『明解国語辞典』のつなぎとして、小学生上級～中学生向け学習辞典と一般国語辞典を兼ねるような路線で編まれた。内容は『明国』の後継と言え、語釈は「ことばの写生」と呼ばれる方法でわかりやすいことをめざし、漢字やむずかしい語をすくなくした。同音語は漢字表記ごとに立項する傾向があり、語義区分は平面羅列型。徹底的に使用者目線に立った凡例も特長。初版発行後、見坊は本格的な用例採集に取り組み、成果は第2版（1974年）以降に反映。現代語主義を貫き改訂のたび新語を盛んに追加し、古い語を削除するという『明解国語辞典』の方針を継承した。第3版（1982年）序文は「辞書＝かがみ論」を印象づけたものとして有名で、後の版にも再録されている。第6版（2008年）からは編集委員に飯間浩明が参加。第7版（2014年）は、「銀ぶら」の語源俗解を正す、「的を得る」「汚名挽回」を誤用としないなど攻めたつくりである。また、球団とコラボした阪神タイガース仕様、広島東洋カープ仕様、福岡ソフトバンクホークス仕様も企画された。

（三省堂国語辞典）

さんせいどうじしょ
【三省堂辞書】
デジタル 三省堂が提供する会員制のオンライン辞書。1999年、NTTドコモの携帯電話向けインターネット接続サービスであるiモードの開始とともに開設され、日本初の携帯電話向けオンライン辞書サービスとなった。現在はスマートフォン向けにも展開されており、無料会員は3種類、有料会員は17種類のコンテンツが利用できる。

さんせいどう
デュアルディクショナリー
【三省堂
デュアル・ディクショナリー】
デジタル 三省堂の紙辞書の購入者に、同じタイトルのオンライン辞書を無料で提供するサービス。2006年開始。『大辞林』第3版や各種英語辞書などが対象で、紙版を買えばオンライン版の利用権も得られる。当初つけていた「電紙(でんし)辞典」という愛称は、いつの間にか聞かれなくなった。三省堂Web Dictionaryとは別のサービス。
参考 ➡ デュアル大辞林

さんせいどうブックレット
【三省堂ぶっくれっと】
書名 三省堂が発行していたPR誌。2度目の倒産から間もない1975年9月に創刊され、2002年3月の153号で休刊。当初は年4回、のちに隔月刊行になった。小さい誌面ながら、各界の著名人による記事のほか、大野晋、金田一春彦、見坊豪紀、柴田武、山田忠雄などの辞書編者や、石山茂利夫、惣郷正明、武藤康史といった辞

書関係の評論家も登場する楽しい読み物だった。

さんせいどうへんしゅうじょ
【三省堂編修所・三省堂編輯所】
組織 三省堂にあった、辞書や教科書などの編集を担う組織。1891年に斎藤精輔が三省堂編輯所として開設。場所を転々としながら、『帝国大辞典』『漢和大字典』『日本百科大辞典』『広辞林』など三省堂の数多くの辞書を編んだ。戦後「三省堂編修所」に改称。1974年頃に廃止されたが、現在も三省堂社内で編纂された辞書の編者名として継続して用いられている。

さんせいどう
ワードワイズウェブ
【三省堂WORD-WISE WEB】
サイト 三省堂の辞書編集部が中心となり運営するウェブサイト。2004年開設。同社の辞書の情報や、専門家による言葉に関する記事の連載がある。word-wiseは、「言葉に関する」の意。

さんぼうきん
【三方金】
辞書学 本の天・前小口・地の三方に金を施したもの。書籍の豪華版に用いられる。見た目が華やかなだけでなく、劣化にも強い。「さんぽうきん」とも。『日本語大辞典』初版の総革装版(1990年)あたりを最後に、国語辞典での三方金は見られなくなってしまった。辞書が売れていた時代の栄光である。

ジェーケー【JK】

デジタル 〔JapanKnowledge〕オンライン辞書サイト「ジャパンナレッジ」の略称。サイト内でも用いられている公式の略称である。辞書マニアがJKがどうのこうの言っていても女子高生のことではないので安心してほしい。

（JK）

ジェーピック【JPIC】

組織 〔Japan Publishing Industry Foundation for Culture〕一般財団法人出版文化産業振興財団。出版文化産業の振興のためにさまざまな事業を行う団体。『舟を編む』の本屋大賞受賞を契機に、2013年から「辞書を読む」プロジェクトを主催。トークショーやブックフェア、辞書引き学習の体験会など、種々のイベントを開催している。

じえん【辞苑】

辞書 1935年に博文館から刊行された中型国語辞典。現在の『広辞苑』の祖にあたる辞書である。編者は新村出となっているが、これは名義貸しで、実質的な著者は新村の教え子の溝江八男太であった。書名は葛洪の『字苑』から命名された。項目数は16万で、見出し語は表音式仮名遣い。溝江の発案で百科項目を取り込んだことが、現在の「国語＋百科」の中型国語辞典のルーツになっている。非常に普及し、それまでの中規模の辞典の雄であった『広辞林』からその座を奪った。松井栄一が中学のときに初めて買ってもらった辞書も『辞苑』である。1930年、新村は岡書院の岡茂雄から辞書編纂を依頼されると、溝江が手伝うならという条件で受諾。翌年に溝江ら東京高等師範学校の関係者を中心とするチームが組まれ、編集がスタートした。企画が大きくなり岡書院の手に負えなくなると、渋沢敬三のとりなしで博文館に移譲され、着手4年で完成した。内容を見ると大部分は『広辞林』の引き写しであり、石山茂利夫の調査によれば他に『言泉』⊟『大日本国語辞典』も親辞書とされたらしい。1941年に改訂版を刊行する予定で作業が進められていたが、戦争のために頓挫。終戦後に編者と岩波書店との間で「改訂に関する協定」が結ばれ、これが『広辞苑』へとつながってゆく。参考 ➡ 言苑、言林、プロジェクトX

（辞苑）

しかい
【司会】

有名項目 見坊豪紀が用例採集を志すきっかけとなった語。1930年代までの国語辞典には「司会」が立項されず、1939年11月19日付朝日新聞に石黒修が寄稿した記事によれば、「(上略) 漢和辞典を見るとなる程出て居ない。『大日本国語辞典』『大言海』『広辞林』『辞苑』等等、手許にある国語辞典にもない」状況だった。見坊は著書で「石黒修氏が (中略) 日常使っていることばが存外もれているものだと、「司会」ということばを例にあげて書いているのを見て、大変ショックを受けました」「私の用例採集の方向づけと"司会"とは切っても切れない関係にある」と、当時の衝撃を何度も記す。見坊の編んだ『明解国語辞典』は記事の4年後に発売され、そこには「司会」がめでたく採録されている。

じかい
【辞海】

辞書 ㊀郁文舎から1914年に刊行された国語辞典。大部分が『辞林』の引き写しだが、固有名詞も多数立項。口語に「話」の記号を示すのが珍しい。㊁三省堂から1952年に刊行された国語辞典。古語から現代語まで13万語を収録。見出しは表音式仮名遣い。金田一京助編となっているが、ほぼ名義貸しで、三省堂編修所の村井康男らが中心となって編纂された。当時人気のあった『辞苑』に対抗すべく、三省堂は『広辞林』の改訂を企図したが、金沢庄三郎の承諾を得られなかった。そこで同規模の辞典の編纂を金田一に依頼し、『昭和国語大辞典』として企画が成立。1938年に編纂が開始され、14年を費やし完成した。語義の変遷を詳述し、豊富な用例を備え、アクセントを示すなど本格的な内容だったが、あまりふるわなかった「不運の辞書」。階層型の語義区分を採用した初めての国語辞典でもある。

しかくごうま
【四角号碼】

辞書学 漢字の検索方法のひとつ。主に辞書や叢書の索引に用いる。1920年代、商務印書館の王雲五(1888-1979)によって考案された。現在用いられている「第二次改訂」と称されるものでは、漢字の四隅の形にそれぞれ0〜9の番号を対応させ、漢字一字を4桁の番号で表す。たとえば「深」字であれば、左上が点 (3)、右上が角 (7)、左下が横 (1)、右下が小 (9) で、3719に変換される。読みや部首がわからなくても、字形だけで引けることに利点がある。日本の辞書では『大漢和辞典』などに採用されている。

号碼	筆名	形	説明
0	頭	亠	いわゆるなべぶた
1	横	一ノしし	横の線、横のかぎ
2	垂	ＩＩＩ	垂れ、左かぎ
3	点	丶丶	点、右斜めにひく
4	叉	十メ	両筆交叉
5	挿	丰	垂線に二筆以上
6	方	ロ	四角の形
7	角	フフ⊐Ｌ⅂フ	角のある形
8	八	八ソ人入	八の形
9	小	小ハ�业⺌	小の形

(四角号碼)

じこ
【事故】

『新明解国語辞典』初版の序文で、主幹交代の原因とされたこと。序文で山田忠雄は、『明解国語辞典』からの脱皮について「見坊に事故有り、山田が主幹を代行したことにすべて起因する」と説明。これを読んだ柴田武や飛田良文を、見坊豪紀が交通事故にでも遭ったのかと驚かせた。しかし、山田によれば差し障りを意味する古い用法で使ったものという。『新明解国語辞典』初版の「事故」では、なるほど「①不注意などが原因で起こる人災。②その物事の実施・実現を妨げる都合の悪い事情」と解説する。とはいえ何とも無理があると言うか、人騒がせな話だ。

言葉の選択が不適切

（事故）

じじてん
【辞事典】

辞書学 辞典と事典をまとめていう語。「事辞典」とも。用例「―を活用する」

じしょ
【辞書】

一 辞書学 編者が語や事物を集めて選び、項目化して個別に見出し語と解説を与え、使用者が目的に応じ引いて使えるように編纂したもの。場面や内容により辞典、事典、字典、字引ともいうが、「辞書」は国語辞典を指すことが多い。『日本国語大辞典』など学術的な超大型辞典から、グッズ的な豆辞書まで、その世界は幅広い。辞書は、採録した見出し語のリストと、そのひとつひとつに紐づいた語釈などの情報との集合体だと捉えられる。使用者は、五十音順などのルールで排列された見出し語を探して、表記・発音・意味・語源・用法・用例などの記述にたどり着ける。語釈には挿し絵・写真も用いるが、主体は言葉である。したがって、辞書は見出し語という言葉の基盤に、言葉の記述を載せた存在と言える。辞書には使用用途、使用者の特性が反映され、また編者らの個性がにじみ出るが、近代以降の辞書は一貫性、網羅性、客観性が重視され、無味乾燥と評される傾向もある。辞書の形態は、見出し語と語釈との関係によって一言語辞書や二言語辞書、あるいは絵辞典になる。一言語辞書は用途別に国語辞典、古語辞典、新語辞典、表現辞典、用字用語辞典、類語辞典などがあり、また二言語辞書には漢和辞典や各種外国語辞典がある。規模の観点からは大型辞典、中型辞典、小型辞典に分けられ、媒体の観点からは紙辞書、デジタル辞書に分類される。言葉より事物を基盤に解説した辞書は百科事典となる。辞書は世界中で作られ、上記以外の種類や、分類をまたぐものも多い。各辞書の目的や使い方は序文、あとがきと、凡例から知ることができる。参考 ➡ 編む、改訂、記述主義、規範主義、受信、発信、読む辞書　三 〔ある人の〕語彙。転じて、主義や世界観。「〔人〕の辞書に〔コト・モノ〕はない」の形で、その人にとってそのコト・

モノと関与するのは問題外であることを表す。用例「我が輩の―に不可能はない」
参考 ➡ ナポレオン

じしょアプリ
【辞書アプリ】
デジタル スマートフォンやタブレットでデジタル辞書が引けるソフトウェア。無料のものと有料のものがあるが、信頼性の高い辞書を収録したものはおおむね有料で、ビッグローブ、物書堂、ロゴヴィスタ、イーストなどから提供される。数万円という価格で複数辞書をセットで売るものもある一方、基本的には自分の欲しい辞書だけを買い揃えられるため、電子辞書より安価に済むことも多い。携帯性の高さ、入力・検索方法の多様さ、動作の軽快さ、充実を見せる辞書の選択肢やアプリ機能の豊富さなど一見いいことずくめながら、古いアプリは機器のOSの更新で起動しなくなったり、再入手できなくなったりすることがあり、寿命の点に課題を残す。

お金払うなら見せてあげてもいいですよ

（辞書アプリ）

じしょかがみろん
【辞書＝かがみ論】
辞書学 辞書は、言葉の現実を客観的に映し出す「鏡（かがみ）」と、あるべき言葉の規範を示す「鑑（かがみ）」のふたつの役割を担うとする理論。見坊豪紀が『明解国語辞典』の編纂を通じて培い、世に広めようとしたもの。『三省堂国語辞典』第3版では「辞書は"かがみ"である――これは、著者の変わらぬ信条であります」から始まる序文が掲載され、この立場を説明した。辞書は「正しい」言葉しか載せない、また載せてはならないものだという世間的な観念に対して、見坊は、現実に存在する言葉ならば辞書はまずそれを取り上げ、そのうえで必要に応じて批判を加えるべきだと考えて、実践し続けた。
参考 ➡ 記述主義、規範主義、文明批評

鑑賞用と保存用と布教用を版違い刷違いでそろえてる

辞書オタクの鑑だ！

（辞書＝かがみ論）

じしょがく
【辞書学】
辞書学 〔lexicography〕辞書を研究する学問。辞書の内容、使用法、制作法、歴史など、辞書に関するあらゆる事柄を対象とする。EURALEX（欧州辞書学会）をはじめ学会があり、『International Journal of Lexicography』などの学会誌も刊行される。日本では語彙・辞書研究会などで研究発表が行われている。なお、英語で言うlexicographyは理論的側面だけでなく、実践的・技術的側面と地続きなので、本書の分野ラベル「辞書学」にも「辞書編纂術・辞書編集法」に関するものを含めた。参考
➡ レクシコグラファー

じしょけい
【辞書形】

日本語教育において、動詞の終止形をいう語。辞書の見出しの形であることからの呼び名。日本語教育のシラバスでは、動詞は「ます形」（「食べます」のような、動詞に助動詞「ます」のついた形）から教えるのが一般的である。

じしょサポ
【ジショサポ】

デジタル 大修館書店が配信するスマートフォンアプリ。同社が刊行する辞書の扉ページにカメラを向けると、その辞書に関連する動画やドリルにアクセスすることができる。対象の辞書は『明鏡国語辞典』『新全訳古語辞典』『新漢語林』『ジーニアス英和辞典』など7種類。『明鏡国語辞典』の動画にはサンキュータツオが出演している。

じしょじゅん
【辞書順】

五十音順のこと。また、他のアルファベットで、それに類する排列方法。JIS規格に基づいた五十音順でデータを並べる場合などに言うが、当の辞書界隈では「辞書順」の呼び名を用いることはないようである。そもそも辞書によって排列方法は異なり、清音・濁音・半濁音、直音・拗音・促音、それに長音符号の処理はそれぞれに設定している。したがって、一意の「辞書順」という並べ方は、実は存在しないものである。

じしょせんそう
【辞書戦争】

俗語 辞書の関係する争いや揉めごと。複数の出来事が「辞書戦争」と呼ばれたが、代表的なのは1995年の中型辞書発売ラッシュで、『日本語大辞典』第2版、『大辞林』第2版、『大辞泉』初版が相次いで刊行され、販売競争を繰り広げた。1989年に副島隆彦らが『欠陥英和辞典の研究』にて研究社『ライトハウス英和辞典』『新英和中辞典』をやたらと攻撃し、対抗して研究社が訴訟を起こした事件も、「辞書戦争」とされることがある。海外でも、19世紀の革新的なノア・ウェブスターの辞書と保守的なジョゼフ・ウースターの辞書の戦いや、1960年代の『ウェブスター新国際辞典』第3版対『アメリカン・ヘリテージ英英辞典』の争いなどがDictionary Warと呼ばれる。

（辞書戦争）

じしょたんズ
【じしょたんず】

キャラ 2016年のテレビアニメ『舟を編む』内のミニコーナー「教えて！じしょたんず」に登場した、辞書をモチーフにしたキャラクターたち。サンリオがデザイン。架空の辞書『大渡海』と、実在する中型の『広辞苑』『大辞林』『大辞泉』が、それぞれ「海（かい）くん」「ヒロシ」「リン太」「泉（せん）くん」というキャラクターに擬人化された。第4話では「『辞書づくりのうた』～ We are Jisho-tans ～」というテーマソングらしきものも披露された。

じしょにないことば
【辞書にない言葉】

辞書学 辞書に収録されていない語。辞書にも載らないほどに珍しい言葉という意味でも用いるが、辞書の世界では、誰もが知っており当然辞書にも載っているであろうと予想されるのに、なぜか辞書に載っていない言葉を指すことが多い。見坊豪紀は、「愛社」「短信」といったごく当たり前の言葉がある時期のどの辞書にも載っていなかったことを報告している。 参考 ➡ 司会、主食

じしょのひ
【辞書の日】

10月16日。ノア・ウェブスターが1758年のこの日に生まれたことから制定された。ただし、この事情からもわかるようにあくまでアメリカの記念日であって、日本記念日協会に「辞書の日」は登録されていない。日本にも独自の「辞書の日」が制定されてほしいところ。

じしょのほん
【辞書のほん】

書名 大修館書店の季刊PR誌。2010年秋に創刊され無料配布された。『明鏡国語辞典』『大漢和辞典』特集や北原保雄とサンキュータツオの対談など大修館書店らしい企画が組まれたほか、同社刊でない辞書もしばしば顔を出した。連載には、校正体験を味わえる「問題な日本語　校閲室へようこそ」、辞書がテーマの短編小説「辞書、のような物語。」、いのうえさきこの巻末漫画など。美しい誌面に辞書の記事が並ぶすばらしい雑誌だったが、第16号（2015年冬号）をもって休刊。

じしょのようなものがたり
【辞書、のような物語。】

作品 大修館書店のPR誌『辞書のほん』に掲載された10作の掌編小説をまとめた単行本。2013年、大修館書店刊。小説はいずれも辞書をモチーフにした物語。2017年の『小辞譚』（猿江商會）は実質的な続刊。

明川哲也ほか
『辞書、のような物語。』
2013、大修館書店

じしょはさんせいどう
【辞書は三省堂】

〔句〕 三省堂のキャッチコピー。「辞書はコンサイス」とともに、三省堂書店神保町本店や三省堂本社屋の看板に掲げられているのが有名。境田稔信によると、遅くとも1955年には登場。実は他社も同様のコピーを使用しており、「辞書は冨山房」はより早く1930年代から確認されているという。〔参考〕 ➡ 辞典の小学館

じしょびきがくしゅう
【辞書引き学習】

深谷圭助が1990年代から実践する指導法。子供に自分の知っている言葉を辞書から探させ、見つけたら付箋を貼らせて、子供を褒めるというサイクルを繰り返すことで辞書で調べることを習慣化し、語彙力や学習意欲の向上につなげるもの。学習に使われた辞書は数千枚の付箋が貼られて大きくふくらんだ姿になることも。2000年代中頃から注目が集まり学習国語辞典市場の売上を牽引。一部の学習辞典では辞書引き学習を見越して、ページ上部の付箋を貼る余白を広げたり、付箋とセット売りしたりするようになっている。また、3Mからは辞書引き学習専用の付箋が販売されるなど、大きな影響をもたらしている。

（辞書引き学習）

じしょブラウザ
【辞書ブラウザ】

〔デジタル〕 デジタル辞書を検索・閲覧するためのソフトウェア。辞書アプリもデータと閲覧ソフトが一体化したものだが、辞書ブラウザと言えば特にPCでEPWING仕様の辞書を使うためのソフトを言うことが多い。デジタル辞書を販売する会社自身が手掛ける「LogoVista辞典ブラウザ」のほか、サードパーティー製の「EBWin4」、「Logophile」やスマホ用「EBPocket」などがある。

じしょへん

〔作品〕 久木ゆづるによる漫画作品。2018年からウェブ漫画誌『COMIC BRIDGE online』（2020年『COMIC BRIDGE』に改称）にて連載中。柿八書房の辞書編集部に勤める編集者の王子なつきが、漢和辞典『現字選』の半世紀ぶりの改訂に奮闘する物語。実在の漢和辞典『角川新字源』の改訂をモチーフにしている。また、第4話から登場する校正者の熊井田修は境田稔信がモデル。作中には他に架空の国語辞典『集語宴』『柿八国語辞典』『カキハチこども漢和辞典』や架空の漢和辞典『遊字典』なども登場する。

久木ゆづる
『じしょへん』（1～3）
2018～、
KADOKAWA

じしょへんしゅうぶ
【辞書編集部】

(辞書学) 出版社で辞書の編集①を行う部門。また、岩波書店などでは編集者が編纂者の役割をも果たし、辞書の語釈を執筆するケースがある。会社によって「辞典編集部」「国語辞典編集部」など名称は異なる。辞書の制作面を支えるエキスパート集団だが、辞書の販売が苦境を強いられるなか辞書編集部も縮小の傾向にあり、『舟を編む』でもそうした様子が描かれている。

じしょへんしゅう
プロダクション
【辞書編集プロダクション】

(辞書学) 出版社に委託され編集の実務作業を担う編集プロダクションのうち、辞書の編集を主要な事業とするものの総称。辞書出版では版元や編者が注目されがちだが、実は今日ではこうした編集プロダクションがその辞書の実質的な著者となっている場合もある。あまり表には出てこないが、寄与は無視できない。辞書編集を手掛けるプロダクションには、日本レキシコ、日本アイアール、ジャレックスなどがある。

じしょぽん
【辞書ポン】

(俗語) 人の頭を辞書でポンと軽くたたくこと。河原和音の少女漫画を実写化した映画『先生！、、、好きになってもいいですか？』（2017年）で、教師の伊藤貢作（生田斗真）が主人公である島田響（広瀬すず）の頭に辞書をポンと載せる場面を指して用いられた。「壁ドン」「顎クイ」などにならった言い方。胸キュンシーンとして話題となったが、人の頭を辞書でたたいてはいけない。このシーンの前、島田は居眠りしている伊藤を起こすために教室の窓から辞書を投げているのだが、辞書を投げてもいけない。ちなみに、辞書ポンに用いられた辞書は『デイリーコンサイス英和・和英辞典』第8版の中型版である。

こんな辞書ポンはいやだ

（辞書ポン）

じしょめっこ
【辞書めっこ】

ゲーム 辞書を使ったゲームのひとつ。かつてテレビ東京系で放送されていた子供番組『ピラメキーノ』で行われた。2名のプレイヤーが「読み手」と「咥え手」に分かれて向かい合い、咥え手がリコーダーをくわえたら準備完了。読み手は『広辞苑』を適当に開き、そのページの中で一番面白いと思った項目と語釈を読み上げる。咥え手が笑ってしまい、リコーダーの音が出たら読み手の勝ち（一本）。

（辞書めっこ）

シソーラス

辞書学 〔thesaurus〕すべての語彙をカバーする統一的な分類体系によって排列された類語辞典。分類を旨としており、草分けとなった『ロジェのシソーラス』（1852年）をはじめ、語釈は付かないことが多い。日本の代表的なものに『分類語彙表』、『日本語シソーラス 第2版 類語検索辞典』（2016年）がある。

じだいべつこくごだいじてん
【時代別国語大辞典】

辞書 三省堂が発行した、上代および室町時代の語を時代別に収録した国語辞典。上代編1巻、室町時代編5巻からなる。広範な文献から実例を示しつつ、その時代に行われた言葉の全体像を示そうとした。1931年、奈良・平安・鎌倉・室町・江戸の各時代に分ける計画で企画が立案され、用例カードの作成が続けられたが、戦争で中断。1956年から上代・平安・室町の3時代の編纂が再開され、1967年にまず上代編が刊行。1985年から2001年にかけ室町時代編が刊行され、完結をみた。

しっぴつようこう
【執筆要綱】

辞書学 編集要綱通りの辞書を作るために準備される、語釈の書き方のマニュアル。執筆要領とも。項目の種類や、見出し語の品詞、見出し語のジャンルによって語釈のあり方は様々であるが、それを形式・内容の両面にわたって統一的に整えるための具体的な書き方を示す。執筆要綱と、それを具現化した見本原稿は、両者セットで執筆者の道しるべとなる。これがないと大変。

じつようじてん
【実用辞典】

辞書学 文章を読み書きする際に当座の用を足せるよう作られた、比較的簡易な辞書。概して項目数は一般的な国語辞典より小さく、俗語や片仮名語の扱いが弱い。語釈は簡便な言い換えで済ませる。また、ペン字の書き方や英語の対訳を載せるものも

多い。現代版の節用集であり、かつて漢字の書き方や知らない語の意味を手早く知るために家庭などに備えられた。近年はスマートフォンの普及などにより役割が小さくなりつつあるが、学研プラス『現代実用国語辞典』、高橋書店『実用国語辞典』、永岡書店『国語小辞典』など、根強く出回っている。

じつようにほんご ひょうげんじてん
【実用日本語表現辞典】

サイト 「現代的で実用的な日本語表現について意味や語義を解説する」ことを謳ったウェブサイト。一般的な国語辞典では見出し語になりづらい時事用語や俗語を積極的に取り上げ、辞典ふうの解説を施す。オンライン辞書のWeblio辞書にも『デジタル大辞泉』などと並んで提供されていることから、実際に出版されている辞書のデジタル版であると勘違いされることも多いが、あくまで一ウェブサイトにすぎない。運営元や執筆者もほとんど明かされておらず、信頼性に難がある点に注意を要する。

じつれい
【実例】

辞書学 用例②のうち、実際の用例①を使用したもの。語形・意味・用法などが存在したことや、その出自・変遷を示す証拠として、出典つきで掲載する。初出例も実例のひとつである。中型以上の辞書は、紙幅に余裕があり、日本語の記録としての性格を強く意識して作られることから、実例を載せている。⇔作例

じてん
【字典】

辞書学 漢字を多数集め見出しとし、その読み方や意味などを解説した著作物。字書。字引。もじてん。広義では、いわゆることばてんも含む。

じてん
【事典】

辞書学 物事の名を多数集め見出しとし、それがどういうものであるかという知識について解説した著作物。ことてん。平凡社の下中弥三郎が1931年の『大百科事典』で用いたのが最初で、戦後に他社も書名に用いるようになり一般語化した。 参考
➡ 百科事典

じてん
【辞典】

辞書学 辞書のこと。字引。ことばてん。「辞書」よりもやや改まった響きがあり、字典や事典を含む包括的な呼び名としても用いられる。物集高見の『日本小辞典』をはじめ、明治期以降に個別の辞書の書名として用いられ始め、徐々に一般語化した。

じてんきょうかい
【辞典協会】

組織 辞書出版社が会員となり、辞書の普及を目指す協会。1946年発足。『優良辞典六法目録』を毎年刊行するほか、書店向けの勉強会の開催、店頭掲示用のPOP広告の作成などを行っている。編書に『日本の辞書の歩み』がある。

じてんジャー
【ジテンジャー】

（キャラ）三省堂の小学生向け辞典の公式キャラクターで、特撮ヒーローふうの格好をしたサンちゃん、セイちゃん、ドーちゃんの小学生３人組による「学習チーム」。キャラクターデザインは黒崎玄。『例解小学国語辞典』第６版、『例解小学漢字辞典』第５版など2010年代中期に発売された辞書で、表紙や小冊子ににぎわいを添えた。2020年には３人が辞書引き学習をガイドする動画も公開された。

※著作権保護のためイメージでお送りします

（ジテンジャー）

じてんのしょうがくかん
【辞典の小学館】

（句）小学館のキャッチコピー。2010年代前半から、小学館の強みである辞書を軸にしたブランディングの一環としてロゴ付きで見られるようになった。が、実は20世紀にも使われていた例があったという。

（参考）➡ 辞書は三省堂

しばたたけし
【柴田武】

（人物）（1918-2007）国語学者。1938年、東京帝国大学に入学し、橋本進吉の演習で見坊豪紀、山田忠雄と出会った。1948年、CIE（連合国軍総司令部民間情報教育局）による「日本人の読み書き能力調査」に石黒修、金田一春彦らと従事。1949年、国立国語研究所に入所。「日本言語地図」作成のため全国調査を行った。その後、東京外国語大学教授、東京大学教授などを歴任。1950年代に山田の依頼で『明解国語辞典』改訂版（のちの『新明解国語辞典』）の検討に参加。『三省堂国語辞典』は第２版から加わった。1972年から国広哲弥らと研究会を開いて基本語の意味を検討。その結果は『ことばの意味』（全３巻）として刊行されている。この頃、山田と見坊からそれぞれ『新明解国語辞典』『三省堂国語辞典』に慰留された。本人はどちらかにしたかったが、最後まで両方に関わり続けた。『新明国』では外来語担当。第４版では、第３版まで金田一がつけていたアクセントを新しく振り直し、方言や位相に関する記述を整備した。山田没後の第５・６版で編集委員会代表を務め、『三国』は見坊没後の第５版で編者代表。著書に『糸魚川言語地図』『日本の方言』『柴田武にほんごエッセイ』など。共編書に講談社『類語大辞典』（2002年）。『明解物語』では監修を務めた。

（柴田武）

じびき
【字引・辞引】

(辞書学) 辞書のこと。やや古風な言い方。いわゆるもじてんを指すことも、ことばてんを指すこともある。「辞引」の表記は長らく辞書になかったが、石山茂利夫の問い合わせがきっかけで、『三省堂国語辞典』第4版、『日本国語大辞典』第2版に搭載された。

しふく
【紙幅】

(辞書学) 執筆できる分量に制約がある原稿の、その分量。紙辞書では、複数巻にでもしない限り、製本技術の限界などのために紙幅には限りがある。その限られた紙幅の中で、どの語を立項し、どの語を立項しないかといった判断に、その辞書の哲学が反映される。また、なるべく多くの語を載せようとすれば語釈は短くせざるを得ず、紙幅の制限は語釈を簡潔にする圧力としても働く。デジタル辞書では実質的に紙幅は無限であり、原理的には無数の語を立項し、いくらでも語釈を書くことができる。半面、紙辞書で保たれていたある種のバランスが崩れるのではないかと懸念する向きもある。(用例)「小型辞書の編集は許される──との戦いになる」

紙幅のとき…

（紙幅）

しもなかやさぶろう
【下中弥三郎】

(人物) (1878-1961) 平凡社の創業者。1914年、新語辞典のはしり『ポケット顧問や、此は便利だ』を著し、これの版元として平凡社をおこす。1934年から1936年にかけては、70万語規模という史上最大の国語辞典『大辞典』[=]を編んだ。『大辞典』の編集が一時中断に追い込まれた際には、心労のために髪が一晩で白く染まってしまったという。「事典」という語の発明者でもあり、1931年の『大百科事典』で初めてこの表記を用いた。

シャープ

(デジタル) 〔Sharp〕日本の大手家電メーカーのひとつ。1912年創業。カシオと並ぶ主要な電子辞書メーカーでもある。1979年に日本初の電子辞書である「IQ-3000」を発売。2001年に業界で初めて『家庭の医学』を搭載したモデル、2006年に手書きパッドを搭載したモデルを発売するなど、業界をリードした。2008年から現行のブランド「Brain」を展開している。2016年にはペン型の電子辞書「ナゾル」を開発した。

ジャパネットたかた

組織 テレビ通販会社。1986年創業。創業社長（現在は退任）の高田明が自ら生放送で様々な商品を売り込む手法で定評を得た。電子辞書の販売では、コンテンツの紙辞書をスタジオにずらりと並べてアピール。さらにその辞書を高田が机に積み重ね始め、途中で崩れるというハプニングもあった。多いときには一度の番組で1億円近くの電子辞書を売り上げ、2017年までの15年間では累計150万台を売った。カシオなどと提携してオリジナルモデルの企画も行う。

ジャパンナレッジ

デジタル 〔JapanKnowledge〕株式会社ネットアドバンスが運営する会員制のオンライン辞書サイト。2001年サービス開始。法人向けの「ジャパンナレッジLib」と個人向けの「ジャパンナレッジPersonal」とがある。会費はややお高めだが、『日本国語大辞典』『国史大辞典』など専門的な辞事典の串刺し検索や全文検索が可能で、これに代わる辞書サービスは存在しない。法人契約の利用者は大学図書館や公共図書館が多い。2021年には、中学・高校向けの「ジャパンナレッジSchool」もリリース予定。略称JK。

（ジャパンナレッジ）

しゅうえいしゃこくごじてん【集英社国語辞典】

辞書 集英社が刊行する小型国語辞典。初版1993年、第3版2012年刊行。森岡健二、徳川宗賢、川端善明、中村明、星野晃一編。初版と第2版は横組み版があった。第3版では、新たなスタートを切るという思いから、版数を漢数字から算用数字に切り替えた。項目数は小型辞典最多の9万5000項目（第3版）。固有名詞を含む百科語が豊富で、知りたい語が100冊の専門辞書のどれにあるかを示す索引となる「101冊目」という位置づけ。同時に「日本語の専門辞書」として文法用語などの解説が充実している。助詞・助動詞の用例[2]では歌謡曲の歌詞が採られているのが特徴。

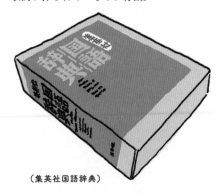

（集英社国語辞典）

しゅうえいたい【秀英体】

大日本印刷が開発する書体の総称。大日本印刷の前身である秀英舎が明治末年に開発し、東京築地活版製造所の「築地体」とともに明朝体活字の源流となった。『広辞苑』は初版以来大日本印刷が印刷しており、本文の書体に秀英体が採用されている。秀英体は2005年から7年をかけ「平成の大改

刻」と称する大規模な改刻を行ったが、『広辞苑』は2018年の第7版でも従来の「秀英アンチック」「秀英細明朝」を使用している。

秀英アンチック　秀英細明朝

あア　あア

（秀英体）

しゅうかんテレビこうじえん
【週刊TV広辞苑】
テレビ　1988年から翌年まで、よみうりテレビなどで深夜に放送されていたコント番組。生瀬勝久らが出演。コントのタイトルの頭文字の五十音順に放送され、タイトルのカットには辞書風の語釈が添えられた。内容的には『広辞苑』とは無関係。

しゅうごえん
【集語宴】
架空辞書　漢和辞典の編纂を描いた漫画『じしょへん』に登場する架空の国語辞典。版元は晴和書店、最新版は第6版。非常に有名な辞書らしく、改訂版の発売時には書店では山積みにされるほど。

しゅうちんばん
【袖珍版】
辞書学　「袖に入るほどの版」の意で、ポケット判に同じ。江戸末期から辞書の書名に用いられる。 参考 ➡ コンサイス判

じゅうようご
【重要語】
辞書学　辞書が独自に設定する、重要な言葉として示される項目。見出し語に記号を添えたり色をつけたりして目立たせる。名前や選定基準は辞書により異なるが、選定基準については全く説明がない場合もある。『新明解国語辞典』第8版は「右」「いかす」など「最重要語」「重要語」合わせて3436語を示す。『三省堂国語辞典』第7版は「オープン戦」「華燭の典」など約3200語を「社会常識語」と言ってはばからない。また、『小学館日本語新辞典』では「基本語」約2300語の見出し語を拡大して目立たせる。『ベネッセ表現読解国語辞典』ではさらに進んで、「最重要語」「重要語」にはコラムを設けており、中には見開き全体を使った解説もある。

しゅかん
【主幹】
辞書学　中心になって仕事を進める役割の人。主任。英語辞典などや、三省堂の国語辞典では中心的な編者が「編集主幹」の肩書きを持つことがある。「主幹」の語が初登場したと指摘される1955年刊の『音訓両引き国漢辞典』では山田忠雄が編修主幹。
参考 ➡ 小野正弘、見坊豪紀

しゅかん
【主観】

辞書学 その人だけの考え。近代以降の辞書編纂では、用例採集やコーパスの使用を通じて、主観を排除し客観的に言語を記述するよう努力してきた。『新解さんの謎』以来、無味乾燥なはずの辞書に編者の主観が入り込んだとして、食べ物の項目に現れる「美味」などの表現が槍玉に挙がる。だが、その食べ物が一般的な日本語話者に「おいしい」というイメージを喚起するなら、国語辞典はその語感を記しておかしいことはない。「桜」を「美しく咲く」と語釈することにも、同じ理屈が当てはまる。

（主観）

しゅくさつばん
【縮刷版】

辞書学 大部の辞書で、内容はそのままに、活字・判型を小さくしてまとめ直したもの。より手軽に買える普及版として発売される。『言海』は1891年に完結し、13年後の1904年に縮刷版を刊行。『大言海』、『大日本国語辞典』、『大辞典』などにも縮刷版がある。『日本国語大辞典』はA4変形判・全20巻からB5変形判・全10巻に縮小した縮刷版を1979〜1981年に刊行した。これについて編集長の倉島長正は、1976年に初版が完結したばかりで後ろめ

たかったという。なお、小型版も縮刷版の一種と言えるが、あまりそう呼ばない。

しゅしょく
【主食】

有名項目 長らく国語辞典が載せそびれていた言葉のひとつ。昭和初期から一般に知られていた語であったが、『大言海』『大日本国語辞典』などの名だたる辞書にも載せられなかった。当たり前すぎて見逃されていたものと思われる。山田忠雄が不在に気づき、1952年の『明解国語辞典』改訂版に載せられた。 参考 ➡ 辞書にない言葉

じゅしん
【受信】

辞書学 〔decoding〕聞き取りや読解など、誰かの発した言語表現に触れて理解すること。未知の語や言い回しの内容を確かめようとして辞書を引くとき、辞書は受信用に使われている。その場合には、文字表記から読み方や意味を知る、音から文字表記を知る、外国語を母語に訳すなどの機能を要する。受信に役立つ辞書は、多数の項目を載せ見つけやすいもの、多義語の場合は必要な文脈に合う語義区分が識別しやすいもの、意味の説明がわかりやすく簡潔なものが一般に望ましい。⇔発信

（受信）

しゅってん
【出典】

辞書学 辞書のある項目について、その典拠となる実例。大槻文彦が辞書に備えるべきと考えた5つの事柄のうちのひとつ。詳しくは「実例」の項を参照。

しゅみだし
【主見出し】

辞書学 ➡ 本見出し

じゅんかん
【循環】

辞書学 （名・自サ）①辞書の語釈をたよりに別の項目を引くことを繰り返すと、また最初の項目に戻ってしまうこと。堂々巡り。(a) 言葉Aの語釈にBとあり、Bを引くとAと書いてあるような類。互いに「Aの反対」「Bの反対」と説明しているものも含む。いたちごっこ。山田忠雄の用語では「メグリ」。基本語ほど語釈が難しく、循環を起こしやすいといわれる。辞書では避けるべきであるとされるが、単語の数は有限なので、同じ言語で語釈をする限り必ずどこかで循環は起こる。定義語彙を決め、最終的にそれらの語で語釈するのがひとつの解決策である。(b) もともと繰り返して元に戻る性質がある指示対象をもつ語の組み合わせについていう場合。この場合、「春」の語釈をたどると「夏」「秋」「冬」の後また「春」に戻るが、むしろそのようにたどれるようになっていることが好ましい。②見出し語を用いてその語を語釈してしまうこと。堂々巡り。「右」の語釈で、「体の右の側」などとする類。何も説明していないのと同じであり、当然避けるべきである。

じゅんちゅうがた
【準中型】

辞書学 小型と中型にまたがる分類。13万〜16万項目を収める国語辞典を指して倉島節尚が設けたカテゴリー。百科語・古語の少ないことが中型辞典との差。当てはまるのは『広辞林』『角川国語中辞典』『言泉』『新潮国語辞典』『辞林21』などだが、現在この規模の国語辞典は刊行されていない。

しょうがくかん
【小学館】

出版社 東京都千代田区に本社を置く出版社。1922年に相賀武夫が創業。1959年の『新選国語辞典』で国語辞典に参入し、『新解国語辞典』『言林』を相次ぎ刊行。1972年から1976年にかけては『日本国語大辞典』を完成させた。関連会社の尚学図書が編集した『国語大辞典』『現代国語例解辞典』『言泉』なども発行し、1993年には尚学図書辞書編集部を吸収。他に『大辞泉』『小学館日本語新辞典』『例解学習国語辞典』『ドラえもんはじめての国語辞典』などの国語辞典、各種外国語辞典、百科事典も刊行する一大辞書出版社で、「辞典の小学館」というキャッチコピーもある。参考
➡ 神永曉、倉島長正、編集支援システム

学びは一生ね

ほんとうにね

（小学館）

しょうがくかん にほんごしんじてん
【小学館日本語新辞典】

辞書 小学館から2005年に刊行された国語辞典。松井栄一編。項目数6万3000。主な動詞にはその動詞を述語とする文型を明示し、物事を形容する言葉にはプラスマイナスの評価を示す記号を付すなど、表現に役立てられることを目指して編纂されている。特に、類語対比表を用いながら類語の使い分けを説く「類語」欄は詳細を極める。『日本国語大辞典』の編纂を経て得られた知見を活かした、語義の変遷や成り立ちについてのコラムも楽しい。語釈の大部分は『現代国語例解辞典』を引き継いでいるが、補説や敬語表現が追記され、用例も増補されている。

しょうがくこくごじてん
【小学国語辞典】

辞書学 小学生向けの学習国語辞典。教科書の副読本として使う字引は戦前からあったが、現在のスタイルは1950年代に登場した。近年、辞書引き学習の人気に伴って需要が高まり、縮小する辞書市場で唯一拡大している部門。毎年10万部以上を売り上げるものも複数あるという。項目数2万〜3万、2色刷りがよくある仕様で、辞書引き学習ブーム以降は総ルビが普通となった。2015年以降は学研プラス『新レインボー小学国語辞典』を皮切りにオールカラー化が進んだ。他に小学館『例解学習国語辞典』、ベネッセコーポレーション『チャレンジ小学国語辞典』、三省堂『例解小学国語辞典』、光村教育図書『小学新国語

辞典』などがある。各社とも図版、コラム、レイアウト、付録に工夫を凝らし、ドラえもんやミッキーマウス、名探偵コナンといったキャラクターとのコラボも盛ん。学習指導要領や教科書の変化に追随する必要から改訂スパンが短いのも特徴で、目が離せない。 参考 ➡ 書体

しょうがくとしょ
【尚学図書】

出版社 教科書の出版などを行っていた小学館の関連会社。1961年創業。1976年頃、松井栄一、倉島長正ら『日本国語大辞典』初版の編纂のために設立された時限会社「日本大辞典刊行会」の社員6名が移籍し辞書編集部および言語研究所を組織。『日本国語大辞典』の保守や『国語大辞典』『現代国語例解辞典』といった派生企画の編集を行った。1993年、辞書編集部は小学館の辞書編集部に吸収された。現在は出版活動はしていない。 参考 ➡ 神永曉

しょうじりん
【小辞林】

辞書 三省堂から1928年に刊行された国語辞典。金沢庄三郎編。項目数8万。3年前に出た『広辞林』を携用用に編纂したものだが、単なる抜粋版ではなく、古語などを削った上で新語や外来語を増補している。語釈は大幅に簡略化された。やはり編集には足助直次郎が尽力している。翌年、約2000語を増補し判型も大きくした「大型版」も刊行。小型国語辞典の範型となった『明解国語辞典』は『小辞林』の語釈を口語文に改める企画として始まってお

り、実は辞書史上重要な国語辞典である。『明国』刊行以後も発行され続け、1954年の171版からは「新版」となり、大型版の内容を吸収した。1957年に名前を引き継ぐ実用辞典『新小辞林』が成立するまで発行が続いたとみられるが、『小辞林』と『新小辞林』に内容的な連続性はない。

（小辞林）

しょうひょう
【商標】

辞書学 かつて岩波書店『広辞苑』発刊時に、その書名をめぐって『辞苑』の博文館、『広辞林』の三省堂とひと悶着あったことから、辞書出版社はブランドの保護を意識しており、辞書名はよく商標登録されている。商標データベースを引くと「広辞苑」「広辞林」以外にも「大辞泉」「明鏡国語辞典」や「三国」が見つかる。「日本国語大辞典」は登録上の読みが「にっぽんこくごだいじてん」なのが不思議。「新解国語辞典」は小学館の辞書名なのに、『新解さんの謎』発売後に三省堂が保有。その後、2009年頃から晴れて小学館の商標。「コンサイス」は三省堂の商標で、ナショナル（現パナソニック）の再生機器「コンサイスコンポ」は

三省堂に使用料を払っていた。また、世に出回った商標が普通名称化したことの根拠として、辞書での扱いが注目される場合もある。「ポリバケツ」「セロテープ」「ホッチキス」「巨峰」などは、辞書に商標と明記するよう求めてきたが、記述状況はまちまち。

じょうようかんじ
【常用漢字】

辞書学 内閣告示の「常用漢字表」によって目安として示された、一般生活上で使用する範囲にある漢字。1981年制定。2010年に改定され、現在2136字。音訓〔＝読み方〕とセットで示されている。この範囲にない漢字や音訓はそれぞれ「表外字」「表外音訓」と呼ばれる。常用漢字に対応した国語辞典では、表記見出しの記号・約物などにより表外字・表外音訓がわかり、文章を作成する際の参考になる。常用漢字発表2か月前の1981年1月に発売された『新明解国語辞典』第3版は、発表前の常用漢字を表記見出しで先取りして話題を呼んだ。倉島節尚の指揮した情報戦が成功したもので、同書の直前に出た『角川新国語辞典』に差をつけた。

しょしゅつ
【初出】

辞書学 （名・自サ）ある語が文献上に初めて現れ出ること。また、その用例。『日本国語大辞典』『新潮国語辞典』など歴史主義的な辞書では、初出を掲げることを旨とする。当然、調査によってさらに遡ることがある。 用例 「一例」『日国』第2版では『初出』の一は1879〜1880年となっている」

しょずり
【初刷】

辞書学 書籍において、同一の版のうち、最初に印刷されたもの。「はつずり」ともいう。奥付では「第一刷」と表示されるのが普通。誤植が見つかることもままあり、「辞書の初刷は買うな」とも言われる。希少なものでは古書価が高くなることも。

しょたい
【書体】

辞書学 印刷された文字のデザイン。フォント。地味ながら版元が力を入れるポイントのひとつで、三省堂や大修館書店などで辞書用の書体を開発したのは顕著な例。見出しで変化をつけて情報を盛り込むケースがあり、現行の辞書はたいてい、仮名見出しを一律アンチック体かゴシック体にするが、小学館『新選国語辞典』は和語をアンチック体、漢語をゴシック体と変える。『言海』でも和語・漢語で書体を分けており、その後継者と言える。表記見出しは通常明朝体だが、『新明解国語辞典』などは学習漢字のみ教科書体にして示す。本文の書体は限られた紙幅に情報を詰め込むため平体〔＝扁平につぶした字体〕が多い。ただし、小学国語辞典の場合、手書きと異なる印刷用字体で児童が混乱するのを避けるため、手書きに近い教科書体が用いられる。また、三省堂『例解小学国語辞典』第7版（2019年）は視認性の高い「UDデジタル教科書体」を辞書として初採用し、全面的に使用する。歴史的な辞書から制作したフォントも市販されており、今田欣一による「たまゆら」「ことのは」「ふじ

やま」は、それぞれ『言海』『辞苑』『明解国語辞典』の見出しから復刻された。 参考

➡ 秀英体

（書体）

しょはん
【初版】

辞書学 書籍の最初の版。第一版。一般には、第一版の初刷を単に初版と称することが多いが、辞書においては通常、刷数を問わず改訂を経ていない版のことを指す。

じょぶん
【序文】

辞書学 本などの冒頭にあって、その趣旨などを記した文章。序。緒言。はしがき。本書を含め、辞書にもたいがい序文がある。凡例と並び辞書のうちで最も読まれないページであるといわれるが、その辞書の編纂の方針やセールスポイントが簡明に記されている箇所であるため、購入前、あるいは使用前に一読しておくと、その辞書の特徴がよくわかって役に立つ。現在は編者が書いた自序が普通だが、かつては推薦者が寄せた他序があるものも珍しくなかった。⇔あとがき

この肖像画

新商品の食品表示を必死で読む主婦っぽい

（ジョンソン）

ジョンソン

人物 〔Samuel Johnson〕（1709-1784）イギリスの文学者。オックスフォード大学を中退して文筆業で貧しい生活を送っていた折に、37歳で辞書の編纂に着手した。文献を買い集め数年をかけて広範に用例採集を行い、それをもとに4万3500項目の定義を執筆、1755年に『英語辞典』として刊行した。「レクシコグラファー」の項目を「退屈な仕事をこつこつこなす無害な者」と説くような面白い語釈が注目されがちだが、近代的な方法で編纂された初の本格的英語辞典と評すべきものである。世間には圧倒的な支持をもって迎えられ、150年ほど後になっても、人々がただ「辞書（the dictionary）」と言えばそれはジョンソンの辞書を指している、とジェームズ・マレーが記すほどであった。ノア・ウェブスターと並び、個人で一大辞書を編纂した偉大な天才だった。

じりん
【辞林】

一 辞書学 辞書のこと。今日ではほとんど使わない語。「○○辞林」の形で、辞書の書名にもよく用いられた。二 辞書 1907年に三省堂から刊行された国語辞典。項目数8万2000。現代語を中心に、学術用語や新語、百科語も収めた。先に三省堂から出ていた『帝国大辞典』が土台であると思われるが、項目数は2倍近くになっており、相当の手入れがなされている。また、明治維新前に毛利家が作成し、斎藤精輔に引き継がれていた国語辞典の稿本も利用した。編者の金沢庄三郎は、全項目に目を通してはいたというが名義貸しに近く、実質的な著者は足助直次郎だった。また、最終校正は金沢の教え子の金田一京助や折口信夫らが手伝った。わずかな修訂を加え、1909年に「増補再版」、1911年に「四十四年版」を刊行。1925年に大きく改訂されて『広辞林』となる。『辞苑』以前の中規模の国語辞典として最も普及し、後続の辞書に多大な影響を与えた、近代国語辞典史上最も重要な辞書のひとつである。

（辞林）

じりんにじゅういち
【辞林21】

辞書 三省堂から1993年に刊行された国語辞典。三省堂編修所編。松村明、佐和隆光、養老孟司監修。『大辞林』をもとに、現代の社会生活に必要な語15万語を立項。文法項目は載せず、固有名詞が多い。付録に手紙の書き方などを収めた「生活情報事典」。ビジネスマンがデスクに置いて使うことを想定して作られている。1998年に改訂し、『ハイブリッド新辞林』に改題。全文収録のCD-ROMが同梱された。翌年、書籍のみの『新辞林』も刊行。

しろふよう
【白芙蓉】

書名 新村出の遺歌集。歌人の田中順二が編集。1968年刊。「国語辞書いまだヴの音ヴの文字を立てずにゐるをいかにかはせむ」「広辞苑ひもとき見るにスモッグといふ語なかりき入るべきものを」「和名抄「景宿類」の星の名に「明星」として木星を挙ぐ」「日本語の紙の語源を吟味してひとりうなづきひとりたのしむ」など、辞書や言葉について詠んだ歌も収められている。

しんか
【新加】

辞書学 (名・自他サ)それまであったものの中に、新しいものを加えること。辞書においては、旧版になかった項目を改訂版で立項することをいう。あまり一般的な言い方ではなく、ほとんど岩波書店の用語のようになっている。 用例「一項目は2200項目」「第7版で―された語」

しんかいこくごじてん
【新解国語辞典】

辞書 ㊀ 小学館から刊行されていた学習国語辞典。初版1960年。金田一京助、佐伯梅友編。前年の『新選国語辞典』を、中高生向けに編集したもの。項目数7万。1963年、佐伯梅友、大石初太郎編で改訂版。㊁ 小学館から刊行されている、大石初太郎編の小型国語辞典。初版1982年。最新版は1999年刊の第2版で、項目数4万9000。大きめの活字が売り。㊀と書名が同一で、『新選国語辞典』の姉妹辞書というコンセプトも一緒だが、内容的な連続性はない。書名の似ている三省堂の『新明解国語辞典』のほうが10年以上後発なのに、赤瀬川原平の『新解さんの謎』がベストセラーになり、名前を奪われたような気の毒な格好。さらに、第2版は『新明解国語辞典』第5版と装丁が酷似していると三省堂から抗議を受け、デザインの変更を余儀なくされるという憂き目にも遭っている。 参考 ➡ 商標

しんかいさん
【新解さん】

俗語 『新解さんの謎』の中で、担当編集者・鈴木眞紀子がつけた『新明解国語辞典』の愛称。魚が好き、世の中をさめた目で見る苦労人、出版に厳しいと評価される。その後、『新明解国語辞典』のファンや、同辞書の面白さを扱う記事などによってもよく使われるあだ名となった。なお、版元の三省堂自身は『新明解国語辞典』を「新解さん」とは呼ばず、「新明国」と略称する。 参考 ➡ 鈴木マキコ

しんかいさんのなぞ
【新解さんの謎】

書名 赤瀬川原平によるエッセイおよび同名の単行本。『文藝春秋』編集部員だった鈴木眞紀子が企画して1992年7月号に掲載された「フシギなフシギな辞書の世界」がエッセイ第1章の初出。同誌1993年3月号掲載の続編「新明解 国語辞典の謎」が第2章で、第3章は単行本書き下ろし。エッセイでは、赤瀬川がSM君（イニシャルから、同書における呼び名）とともに『新明解国語辞典』第4版に現れる独特の語釈や用例の妙を味わうなかで、「新解さん」の人格を見いだしていったり、『新明解国語辞典』を映画化・テーマパーク化したりする。単行本は1996年発売で、20万部超のロングセラーとなって『新明解国語辞典』の面白さ、ひいては「辞書を楽しむ」という概念を世に広めた。影響は当然『新明解国語辞典』にも及び、元々よかった売れ行きが、単行本刊行後は前年比140％に伸びたらしい。 参考 ➡ 鈴木マキコ、美味

赤瀬川原平
『新解さんの謎』
1996、文藝春秋

しんげんかい
【新言海】

辞書 大槻茂雄（1880-1969）が『言海』を増補して成立した国語辞典。1959年、日本書院刊。項目数13万。大槻茂雄は大槻文彦の養嗣子で、文彦の兄・大槻如電の次男。理科系であったが、現代では使いづらくなった『言海』の改訂を思い立ち、『言海』の現代版を目指して編纂した。語釈は『言海』を継承してはいるが大きく改められ、もはや『言海』とは別物。

しんご
【新語】

辞書学 ①新しく使われだした語。新造語。辞書の改訂版が出ると、どのような新語が取り入れられたかに注目が集まる。新語の立項に積極的な辞書としては『三省堂国語辞典』が代表格。反対に『広辞苑』や『岩波国語辞典』は比較的慎重なことで知られる。 用例 「一に強い辞書」 参考 ➡ 今年の新語、大辞泉が選ぶ新語大賞、流行語　②その辞書に新しく載った語。新収語。

しんごじてん
【新語辞典】

辞書学 新語①に限って扱う辞書。国語辞典と異なり、定着するか不明な時事用語や、一過性の流行語なども早めに採録する。記述は百科事典的で、その語が生まれた背景や関連する知識などを提供する。代表的なものに『現代用語の基礎知識』（初版1948年）や『イミダス』（1986～2007年、以降ネット版のみ）、『知恵蔵』（1989～2007年、以降ネット版のみ）がある。

しんさい
【震災】

地震がもたらす災害。また、その惨事。1923年9月1日の関東大震災では、出版業も大損害を被った。平凡社は神田神保町の新社屋へ引っ越し終えたその日に社屋の倒壊・全焼という不幸に見舞われた。日暮里の大槻文彦宅は、隣家で火事が止まったため、編纂中の『大言海』は事なきを得たという。三省堂『袖珍コンサイス和英辞典』は発行がちょうど震災の日で、初めてインディアペーパーを用いた辞書であったが、そのほとんどが焼失した。また、2011年3月11日東日本大震災は、同年刊の『新明解国語辞典』第7版が序文冒頭で直接的に言及して「絆」という語を取り上げ、話題となった。 参考 ➡ 空襲

しんしきじてん
【新式辞典】

辞書 1912年に大倉書店から刊行された国語辞典。芳賀矢一編。仮名による排列は漢字の読みがわからなければ引けないということで、漢字一文字を親見出しとし、漢字で表記される語はすべてその子見出しとするという新しい排列を試みたのでこの名がある。句を多く取り入れたことも特徴。1931年、藤村作が改修し『改修新式辞典』として刊行。芳賀矢一監修の『言泉』□にも内容が一部引き継がれた。

しんじりん
【新辞林】

辞書 □ 清文堂書店から1953年に刊行された、小中高校生向けの国語辞典。新村

出編。前年に甲鳥書林から出た『国語博辞典』の改題。1956年、東京書院から『新国語辞典』として再刊。実著者は溝江八男太。
□ ➡ 辞林21

しんせんこくごじてん
【新選国語辞典】

辞書 小学館から刊行されている小型国語辞典。初版1959年。最新版は2011年の第9版で、見出し語には古語や文学作品・作家名なども含み項目数9万。アクセントを示していること、和語と漢語を仮名見出しの書体によって区別していることなどを特徴とする。巻末の見返しに収録語の内訳を示しているのも珍しい。編者は金田一京助、佐伯梅友、今井正視（1962年の改訂版から）、大石初太郎（同）、野村雅昭（1982年の常用新版から）、木村義之（第9版から）。『新解国語辞典』は本書の姉妹辞書。

（新選国語辞典）

しんせんじきょう
【新撰字鏡】

古辞書 現存する最古の漢和辞典。昌住が9世紀末に草案をまとめ、901年までに成立。約2万1000字を採録し『篆隷万象名義』同様に部首で分類する。そのうち約3700に辞書として初めて和訓、つまり日本語での読み方を、万葉仮名で示している。

初めての漢和辞典と言われる所以である。国字〔＝日本で作られた漢字〕を扱うなど、当時日本語のなかで漢字がどう用いられていたかを研究するための貴重な資料。

しんちょうげんだいこくごじてん
【新潮現代国語辞典】

〔辞書〕新潮社が1985年に刊行した小型国語辞典。山田俊雄、築島裕、白藤禮幸、奥田勲編。2000年に第2版。『新潮国語辞典』から古語項目を省き、諸々の修訂を加えたもの。近代以降の文芸作品や韻文などから実例を引き、『和英語林集成』に項目のある語には注記を施すなど、小型ながら明治以来の日本語の歴史を立体的に捉えられるような内容。実務の面では『新潮国語辞典』に引き続き白藤禮幸が中心的な役割を果たし、途中から奥田勲も尽力した。

しんちょうこくごじてん
【新潮国語辞典】

〔辞書〕新潮社が1965年に刊行した国語辞典。副題に「現代語・古語」とある通り、小形の判型ながら現代語辞典と古語辞典を兼ねる。1974年改訂版、1982年新装改訂版、1995年第2版。久松潜一監修、山田俊雄、築島裕、小林芳規（改訂版から）編。現代語と古語を総合的に解説することを目指して編纂され、古語にはなるべく古い実例が示されている。漢語を片仮名で見出しにしているのも特徴。1955年に企画され、10年で成立。校正段階では、紙幅の都合で人名、地名、専門用語など5万語近い項目と、多くの解説や用例を削ったとい

う。白藤禮幸は初版の校正原稿全てに目を通し手入れを加え、改訂版以降も編集作業全体に携わった。大学院生だった倉持保男も原稿を執筆している。

しんむらいずる
【新村出】

〔人物〕（1876-1967）言語学者。雅号、重山（ちょうざん）。『広辞苑』の編者として広く知られる。1921年、オックスフォード大学の辞書編集の現場を視察して大辞典の編纂を志す。1930年、岡書院の岡茂雄に国語辞典の企画を持ちかけられ、教え子の溝江八男太を紹介し編集主任に当たらせ、編纂を監督。これが1935年に『辞苑』として成立した。同時期、『大言海』の仕上げにも参画。1933年には講演「日本辞書の現実と理想」を行っている。その後も溝江に『言苑』『言林』『新辞林』など複数の国語辞典を編纂させた。戦後には『辞苑』の改訂に関する協定を岩波書店と結び、1948年、市村宏を主任としたスタッフを雇って編集部を発足。新村は市村に随筆集『松笠集』を贈って編纂を託し、市村からの幾度もの相談には必ず応じたという。1955年、同辞書は『広辞苑』として成立した。『日本国語大典』の編集顧問も務めた。映画『雁』を観て以来、高峰秀子の大ファンで、自宅には等身大パネルまで飾っていたらしい。遺歌集に『白芙蓉』。新村猛は次男。

（新村出）

しんむらたけし
【新村猛】

人物 (1905-1992) フランス文学者。新村出の次男。1939年頃から『辞苑』の改訂に携わったが、戦争で中絶。戦火を避け、親戚宅を転々としながら校正刷を守った。戦後も引き続き『広辞苑』の編集に参画し、編者側の中心人物として岩波書店との交渉にあたった。著書『「広辞苑」物語』など。

しんめいかい
【新明解】

三省堂の商標。「新明解」を冠する辞書はかの『新明解国語辞典』(初版1972年。以下同じ)だけではない。国語辞典と同年に出た『新明解古語辞典』と『新明解英和中辞典』、さらに『新明解漢和辞典』(1974年)、『新明解百科語辞典』(1991年)、『新明解四字熟語辞典』(1998年)、『新明解日本語アクセント辞典』(2001年)、『新明解故事ことわざ辞典』(2001年)、『新明解語源辞典』(2011年)、『新明解現代漢和辞典』(2012年)、『新明解類語辞典』(2015年)と、もはや出ていない「新明解」辞典を探すほうが難しい。この中には、『明解国語辞典』から発展した『新明解国語辞典』同様に、「明解…」から「新明解…」に改訂されたものもあれば、別の系統から突然「新明解…」に仲間入りしてしまったものもあり、一貫性は特に見いだせない。三省堂以外も「新明解」を勝手に使うことがあり、例えば『新明解ナム語辞典』(日本ソフトバンク事業部、1987年)はベトナム語辞典ではなく、ゲームメーカーのナムコに関する用語辞典。「新明解」ではないが今野真二『超明解！国語辞典』(文春新書、2015年)、げゑせんうえの他『新迷解 ポケモンおもしろことわざ』(小学館、2006年)といったパロディにも事欠かない。よく愛されるブランドである。

しんめいかいこくごじてん
【新明解国語辞典】

辞書 三省堂が刊行する小型国語辞典。初版1972年。略称、新明国。「新解さん」とも呼ばれる。山田忠雄が中心になって作り上げ、ほかの編者に見坊豪紀、金田一春彦 (ともに第3版まで)、柴田武 (第7版まで)、山田明雄、倉持保男 (ともに第5版から)、酒井憲二 (第5版から第7版まで)、井島正博、上野 (うわの) 善道、笹原宏之 (いずれも第7版から)。『明解国語辞典』改訂版の改版が進まないなか、1960年代末に山田が三省堂に申し出て制作することになり、倉持らの協力を得つつ主幹の山田がひとりで編纂する形で急いで作り上げた。主幹交代のため書名も『新明解国語辞典』に変えて1972年に刊行された。序文「新たなるものを目指して」は、辞書づくりに当時蔓延していた盗用体質を指弾し、「あらゆる模倣をお断りする」と表明して、物議を醸した。100万部販売を目標に装丁は赤・白・青の3色で展開され、三省堂初のテレビCMも放映された。第4版 (1989年) は「いたちごっこ」など、語釈に山田の個性が最も色濃く現れた。刊行後ほどなく赤瀬川原平の『新解さんの謎』が発表されて、キャラクター性が強いという評判を得た。山田没後の第5版 (1997年) は柴田が編集委員会代表に就き、以降行き過ぎた語

釈は改める方針が採られた。2007年、梅佳代とコラボした『うめ版 新明解国語辞典×梅佳代』が刊行。第7版（2011年）は倉持、第8版（2020年）は上野が編集委員会代表。第4版まで主幹を務めた山田は、言いかえで済ませる語釈や循環に強い不満をいだいており、意味の本質をシャープに追求する語釈を展開。現在まで語釈の基本的な方針となっている。また、「辞書は文明批評」を旨とする山田の社会への厳しい視線も話題となった。『明解国語辞典』を受け継ぎアクセントを示しており、第4版で柴田による見直しが、第8版で上野による全面的な改訂がなされた。第4版では「かぞえ方」欄が新設。第5版からは主な動詞に結合する助詞を「基本構文の型」として示す。第6版（2005年）からは「運用」欄を設け、言外の意味など実際の用法を記述する。第7版からは「文法」欄で、前後に接続する品詞や活用形などに関する注記を行うなど、改訂ごとに新たな要素が盛り込まれている。初年度85万部と絶好調だった初版以来の累積販売部数は1500万部で「日本で一番売れている国語辞典」とされる。知名度も高く「新明解」は同辞書の牽引する一大ブランドとなっている。 参考 ➡ 相棒、1月9日、芋辞書、親亀、暮しの手帖、国民的辞書、誤植、差別語、事故、常用漢字、新解国語辞典、震災、動物園、ナイツのちゃきちゃき大放送、発音、美味、マンション、武藤康史、恋愛、んとす

しんめいかい こくごじてんをよむ 【新明解国語辞典を読む】

サイト 2002年から2019年まで存在していた『新明解国語辞典』のファンサイト。「三省堂『新明解国語辞典』を趣味として楽しむサイト」として「万省堂主人」により2002年6月1日開設され、「動物園」「恋愛」「洒落」などおなじみの項目を取り上げていった。2005年に更新を停止したが、インターネット普及期に『新明解国語辞典』の面白さをここで知ったという人も多いのではないだろうか。2019年、サイトをホストしていたYahoo!ジオシティーズがサービスを終了するとともに姿を消した。URL（当時）はhttp://www.geocities.co.jp/Bookend-Soseki/3578/。

（新明解国語辞典）

しんめいこく
【新明国】

（略称）『新明解国語辞典』の略称。「新明解」だけでは『新明解漢和辞典』などの可能性もあるため、辞書マニアはこちらの略称を使いがち。 参考 ➡ 新解さん

しんレインボーはじめてこくごじてん
【新レインボーはじめて国語辞典】

（辞書）学研プラス編の、幼児～小学校低学年を対象とする国語辞典。初版2016年刊、1万6000項目。監修は金田一秀穂。『新レインボー小学国語辞典』から項目・語釈を抜粋し、低年齢向けの装丁にしている。引きやすくする工夫として、各ページ上部にそのページの項目一覧「ことばのテーブル」を掲載。表紙と内容の一部にミッキーマウスなどのキャラクターをあしらった「ミッキー＆ミニー版」も出ている。 参考 ➡ ドラえもんはじめての国語辞典

すいそせいぞうほう
【水素製造法】

（作品）かんべむさしの短編小説。徳間書店『水素製造法』（1981年）に所収。初出1977年。就職試験に挑む落ちこぼれの男が、持ち込みが許された国語辞典だけを頼りに「水素ガスの製造法を述べよ」という設問に答えようと四苦八苦する。作中で男が用いている辞書は『新明解国語辞典』がベースになっていると思われる。

スーパーだいじりんさんてんゼロ
【スーパー大辞林3.0】

（辞書）（デジタル）『大辞林』第3版をもとに、新語などを追加したデジタル辞書。「3.0」は「さんてんれい」とも。名称は、第2版に『デイリーコンサイス英和辞典』などを同梱したCD-ROM版「スーパー大辞林」を引き継いだもの。「三省堂 Web Dictionary」などのオンライン辞書、スマートフォン辞書アプリなどに提供され普及。不定期に内容の更新も行われた。第4版刊行に伴い更新は停止。項目の大部分が第4版の書籍版およびデジタル版（『大辞林4.0』）に継承された。

スカウトほうしき
【スカウト方式】

（辞書学）用例採集の方法で、基準にかなう語を主観的に判断して採集するやり方。『舟を編む』で描写される、めぼしい語を集めるような用例採集もこれに含まれる。見坊豪紀は「幅広く採集する」「とにかく採集する」「迷ったときは、採集する」という態度を勧めているが、全部取っておけと言っているに等しい気がする。「スカウト方式」の命名は林大による。

迷ったら声かける方針です

なんでもよかった

（スカウト方式）

すずきあやね
【鈴木絢音】

人物 (1999–)乃木坂46のメンバー。読書家で、辞書好きとして知られる。ブログでもたびたび辞書に言及しており、漢字辞典における検索方法のひとつである四角号碼に触れるなど筋金入りである。2020年3月9日に放送された『乃木坂工事中』では『新明解国語辞典』と『三省堂国語辞典』をおすすめの本として紹介した。

すずきまきこ
【鈴木マキコ】

人物 作家。「新解さん友の会」会長。著書にリトル・モア刊『新解さんの読み方』。以前の筆名は「夏石鈴子」で、詳しくは同項を参照。

スタジオジブリ

組織 〔STUDIO GHIBLI〕アニメーション制作会社。制作するアニメ映画の背景などにときどき辞書が描かれる。実在のものだと『となりのトトロ』には『言海』が、『コクリコ坂から』には『日本国語大辞典』『大漢和辞典』などが登場している。なお『コクリコ坂から』の舞台である1963年には『日本国語大辞典』はまだ刊行されていない。『猫の恩返し』には『大辞林』をもじった『大辞森』が描かれているが、縁起でもない名前である。同社発行の月刊誌『熱風』は2007年9月号で『広辞苑』を特集、増井元や深谷圭助が寄稿した。

ズッキーニ

ゲーム 〔zucchini〕辞書を使ったクイズ。出題者がある項目の語釈のみを読み上げ、回答者はそれが何の項目かを当てる。国語辞典クイズ、広辞苑クイズなどとも呼ばれる。「ズッキーニ」の名は、2014年に早稲田大学辞書研究会で『新明解国語辞典』第7版をもとに出題された名問題にちなむ。

すどうふ
【酢豆腐】

有名項目 知ったかぶりのこと。若旦那が腐った豆腐を食べ「これは酢豆腐ですな」と知ったかぶりをするという落語に由来する語。『日本大辞書』が「酢にした豆腐」とこれを実在の料理であるかのように誤った語釈を示して以来、『ことばの泉』『辞林』『大言海』『辞苑』『広辞苑』などが続々と同じ誤謬を犯した。「親亀こけたらみなこけた」の好例である。『広辞苑』は、第2版から正しい語釈に改めた。テレビ番組『たほいや』でこの語がお題になったこともある。

スマートフォン

デジタル 〔smartphone〕辞書マニアの生活に欠かせない電子機器。標準的な辞書マニアは多数の辞書アプリをスマホにインストール済みなので、思い立ったらその場で辞書の引き比べが可能。出先でジャパンナレッジなど各種オンライン辞書を引けるし、コーパスやツイッターから用例の検索もできる。街で見聞きした気になる言葉を撮影・記録して、クラウドの私設データベースにすぐ保存できる。なかった時代にはもう戻れない。

すみつきかっこ
【隅付き括弧】

辞書学 国語辞典で見出しの表記を示す欄に現在最も一般的に用いられる記号。本書でも採用している。隅付き括弧を用いた辞書としては、漢和辞典である『漢和大字典』（1903年、三省堂）が早い。

【隅付き括弧】

（隅付き括弧）

すり
【刷】

辞書学 同じ版の辞書で、印刷の回数を示す語。さつとも読む。また、第1刷を特に初刷と言うことがある。奥付で版数とともに「第○刷」と表示され、何回目の印刷で製造されたかを表す。ふつう刷を重ねても内容は変わらないが、誤植の修正や緊急性の高い改訂が増刷時に行われる例もある。『新明解国語辞典』は刷ごとの変化が多い部類に属しており、コレクションのしがいがあるというもの。 参考 ➡ 誤謬、動物園、マンション

せ

『言海』以降ほとんどの五十音順の国語辞典で、真ん中のページにくる見出し語の先頭の文字。このことから、日本語はあ行・か行・さ行で始まる語が過半数を占める、いわば頭でっかちな言語だとわかる。『日本国語大辞典』は例外的に「し」が真ん中に来るが、莫大な分量を短期に編纂しきったことで調整が追いつかなかったためという。本書でも「し」が真ん中にあるのは、膨大な編纂業務のせい……ではなく、日本語全体を相手にする国語辞典と異なり、収録対象が一部の用語に限定されることが原因だろう。

せいこうインスツル
【セイコーインスツル】

デジタル 電子辞書を製造していた会社。略称SII。1937年「第二精工舎」として創業。何回かの社名変更ののち、2004年から現名称。1987年7月に名刺サイズの電子辞書「DF-310カード英和」をリリースして電子辞書市場に参入した。1992年には、史上初のフルコンテンツ型電子辞書として研究社の英和・和英辞典を収録した「TR-700」と『広辞苑』第4版を収録した「TR-800」を発売し、業界をリードした。その後も業界初のフルキーボード採用や大型辞典の搭載、さらに電子辞書とPCを接続して使える「PASORAMA」シリーズの展開などでヘビーユーザーから大きな支持を得た。2015年に電子辞書事業から撤退。なお、2016年からはグループ会社のセイコーソリューションズが、学校・法人向けにiPad用統合電子辞書「セイコー辞書アプリ」（旧

称「語句楽辞典」）を展開している。

せいごひょう
【正誤表】

辞書学 本に含まれる誤りをリストアップして訂正を行う表。1878年刊行の『日本小辞典』$^{\boxminus}$には、巻末に「謬誤追正」として十数か所の訂正が載る。また、国語辞典の祖たる『言海』も、第4巻の奥付直前で2ページにわたって誤植や書体の誤りを訂正する。近年の辞書に正誤表を付ける例は少ないが、『岩波国語辞典』第3版では「誤謬」をはじめとする誤植について正誤表を出した。『広辞苑』第7版でも「LGBT」「しまなみ海道」の語釈に誤りがあったとして正誤表を配付した。実際のところ間違いのない辞書はないのだから、正誤表の発行は編者・版元の誠実さの表れとして高く評価すべきである。

せいせんこくごじてん
【精選国語辞典】

辞書 明治書院から刊行された小型国語辞典。初版1994年、新訂版1998年。絶版。項目数5万。高校教師の山下杉雄、村上公雄、塩谷善之、大西匡輔が立案し編纂。語彙体系の中での語と語の関連を重視し、互いに関連する語を相互に参照できるようにした。補注「ノート」では、その語の理解に参考になる発展的な情報を示す。重要な語が漏れているなど荒削りな面もあるが、国語教科書の出版社らしい、学習にも表現にも役立つ名辞書だった。

せいせんばん
にほんこくごだいじてん
【精選版日本国語大辞典】

辞書 『日本国語大辞典』第2版の精選版。全3巻。13巻からなる『日本国語大辞典』第2版の50万項目、100万用例を、30万項目、30万用例に凝縮したもの。2005年から翌年にかけ刊行。新たな項目や用例も追加されたが、これには松井栄一ら関係者が新たに採集したもののほかに、ウェブサイト「日国友の会」を通じて一般の利用者から提供されたものも含まれている。電子辞書のハイエンドモデルや物書堂のアプリなどで電子版が利用できる。2018年には無料オンライン辞書サイトのコトバンクにも提供され、ちょっとした騒ぎになった。

（精選版日本国語大辞典）

せつようしゅう
【節用集】

古辞書 室町末期の国語辞典。著者不詳。15世紀後半に成立し、以降も写本が多数作られた。17世紀頃までのものを特に「古本(にほん)節用集」と言う。種類が多く内容はまちまち。排列は『色葉字類抄』と同じで、まず先頭の音によっていろは順に分けてから、意味で分類する2段階方式。発信用の辞書で、語釈は基本的になく、語の読みから漢字表記を調べることが主な用途だった。明治期に入っても脈々と同様の辞書が作られ続け、今ある実用辞典へとつながっている。「節用」は、「しょっちゅう使う」の意とも「費用や労力の節約」の意とも言われる。

せんげんばんじ
【千言万辞】

架空辞書 テレビドラマ『相棒』シーズン17第3話「辞書の神様」に登場した架空の国語辞典。文礼堂出版刊。初版は1997年刊らしい。物語の終了時点で、最新版は第4版。主幹の大鷹公介(森本レオ)が独力で編纂した。独特の語釈から愛好家の間では「読むための辞書」と評価されており、たとえば「夢」は「それを語るとき誰もが少年少女の顔に戻り、生きる喜びとなる。叶わないことのほうが多く、叶えばこの上もなく幸せだが、それがいつしか当たり前となれば、輝きを失う。叶っても叶わなくても、淡い思いの残るもの」と説明されているらしい。辞書としては型破りであるが、『新明解国語辞典』の「恋愛」の語釈を彷彿させるところもある。杉下右京(水谷豊)も寝

る前の楽しみとして読んでいるという。なお、文礼堂出版は『千言万辞』の他に学習辞書『文礼堂国語辞典』(略称『文国』)も刊行している。

ぜんぶんけんさく
【全文検索】

デジタル (名・他サ)デジタル辞書における検索方法のひとつ。見出し語を対象とする通常の検索と異なり、語釈など、本文に収められたすべての文字を対象に検索を行う。似た意味の語は同じような言葉を使って語釈されることを利用して、類語や関連した概念も探せる。例えばある辞書では、「言葉を」で全文検索すると「挨拶」「言い添える」「意味」「鸚鵡」「脅かす」などの項目がヒットする。全ての辞書が全文検索できる時代の到来が待たれる。

ぜんぽういっち
【前方一致】

デジタル デジタル辞書における見出し語の検索方法のひとつ。検索の文字列が見出し語の先頭に一致するものを結果として返す。通常、デジタル辞書の検索方式ではこれがデフォルトとなっている。紙辞書の引き方に近いが厳密には異なり、たとえば「とり」で前方一致検索をすると「鳥」「トリアージ」「取り合う」のように結果が並ぶものが多いが、紙では「鳥」「どり」「ドリア」「トリアージ」「取り合う」のように排列されている。 参考 ➡ 完全一致、後方一致、部分一致

そうごうまさあき
【惣郷正明】

人物 (1912-1993) 辞書研究者。『朝日
年鑑』副編集長、『科学朝日』編集長、『ア
サヒグラフ』編集長、『エンサイクロペデ
ィア・ブリタニカ』顧問、『日本国語大辞典』
第2版顧問などを務めた。新聞記者として
辞書を使ううちにのめり込み、辞書2万数
千点を収集。うち1万点ほどは『日国』第2
版顧問になった1990年頃に尚学図書へ運
び入れられ、「惣郷文庫」として保管された。
自身の集めた膨大な用例をもとに、飛田
良文と共著で『明治のことば辞典』(1986
年)を刊行。ほか、著書に『辞書解題辞典』『辞
書とことば』『辞書風物誌』『辞典の話』など。

そうごさんしょう
【相互参照】

辞書学 〔cross-reference〕ある項目から、
関連するほかの項目をたどること。また、
「⇨」などの参照記号で、そうするよう指
示すること。説明を本見出しの項目に預
ける「参照せよ」、関連情報のある項目へ
誘導する「参考に見よ」、意味的に関連し
た項目を示す「類義語」「対義語」などの種
類がある。語釈の末尾に同義語や相互参照
が示されることもあるが、言い換えとの違
いが定かでなかったりする。用語として
は「相互」ながら、実際には片道でしか参
照を飛ばさない場合もしばしば。デジタル
辞書では、文中で他項目へリンクを張るこ
とで、より直接的な参照指示も可能。〔こ
の後に置かれているのが「参考に見よ」〕
参考 ➡ 空見出し

ぞうごせいぶん
【造語成分】

辞書学 複合語を構成するそれぞれの要
素。造語要素。「国語辞典」における「国語」
と「辞典」、「国語」における「国」と「語」など。
国語辞典では、そのうち特に、それだけで
は単語とはならないが実質的な意味を持っ
ているものを指して用いられることが多
い。「甘えん坊」の「ん坊」、「豚しゃぶ」の「し
ゃぶ」などがこれにあたる。品詞欄に略号
「造語」として示すものが多いが、この方
式は『明解国語辞典』改訂版が初めて採用
した。

そうてい
【装丁・装釘・装幀】

辞書学 書物を綴じて表紙、カバー、函な
どをつけること。また、その作りや意匠。
かつての国語辞典は硬(かた)表紙であった
が、近年は中型以上のものを除いてしな
やかなビニール表紙にフレキシブルバック
の製本がほとんどである。カバーも紙では
なく透明なビニールカバーが主流。新村
出は、「装幀」の表記について「幀」は「トウ」
「チョウ」と読むべきだとしつつも、意匠
を含めた造本のことを考えれば「装釘」よ
り優れると記している。参考 ➡ インデ
ィアペーパー、三方金、つめ、特装版

ぞうてい
【増訂】

辞書学 (名・他サ)内容を増やして誤りを
正し、版を改めること。補訂。具体的な作
業については「改訂」の項を参照。用例
「一版」「大一」

109

ぞうほ
【増補】

辞書学 （名・他サ）内容を増やし、版を改めること。また、そのもの。辞書の改訂版の名にもよく用いられた。具体的な作業については「改訂」の項を参照。用例「一版」「旧版から5000語を―する」

ぞくご
【俗語】

辞書学 日常の言葉。(a) 詩歌や正式な文章で用いる雅語に対し、日常的な話し言葉を指す語。口語。近代ではこの用法が普通で、例えば1909年の『俗語辞海』は口語の辞書である。(b) 改まった場では用いにくい、くだけた言葉を指す語。スラング。「やばい」「爆睡」「パリピ」など。現在ではこちらの意味で用いられる。その性質から、国語辞典の収録の対象にはなりにくく、採録される場合は位相として〔俗〕などの記号が付されることが多い。研究者に米川明彦などがいる。

そもそも

共謀罪法案をめぐり、2017年の通常国会で問題となった語。1月26日の衆議院予算委員会で、共謀罪の処罰対象について安倍晋三首相が「そもそも犯罪を犯すことを目的としている集団でなければならない」と答弁したことに対し、4月19日の同法務委員会で民進党の山尾志桜里議員が「そもそも」の意味するところを問い質した。安倍首相は「辞書で念のため調べたら『基本的に』という意味もある」と答えたが、そのように書く国語辞典は皆無である。そこで民進党の初鹿明博議員が出典を示すよう質問主意書で求めたところ、5月12日の閣議で「『大辞林』に『どだい』と記述され、『どだい』は『基本』と記述されている」とする答弁書が決定された。しかし、これは辞書の読み方を誤っていると言わざるを得ず、批判が噴出した。

編者の名文 1

「常に複数の辞書を突き合わせて、大概食い違いがあると思いますけど、その隙間を自分で考えて埋めるようにして使ってほしい。その意味で、辞書は引くものではなく読むものなんですね」

水谷静夫（談）「理想の辞書を求めて」『ユリイカ』608号（2012年）p.69

辞書によって内容が異なることは、しばしば戸惑いをもって受け止められる。しかし、必然的に生まれる辞書同士のギャップに対して、むしろ読者は積極的に関わり合っていかなくてはならないのだ。

ますますデジタルになる辞書づくり

後編では、さらに辞書づくりを支える裏側のシステムに密着します！

制作のすみずみまでデジタルに

現代の辞書はデジタル化の一途ですが、制作面はどうなのか？ 取材に訪れた三省堂の舞台裏を山本部長に伺いました。

こちらは「新語用例データベース」。各自が採集した用例を登録したり、新聞・雑誌・ネット記事をスクラップしたりして、数十万例が保管されています。辞書の内容となる XML データの入出力を管理する「編集支援システム」とともに制作の両輪をなします。

魔法のような自動組版に瞠目

続いて自動組版システムのあるデータ編集室では、『大辞林』や漢和辞典『漢辞海』の作業を見学。組版ソフトに XML データを読み込ませると、見慣れた紙面がみるみる組み上がっていくさまには驚愕。辞書の込み入ったレイアウトもこなす自動組版の開発は、隅々まで整備された XML があればこそ、とのこと。

従来、原稿を紙面で確認するには、印刷所から出る校正刷りをかなりの日数待つ必要がありました。自動組版システムでは即座に組版ができるので作業効率は桁違い。もっとも、すぐに次の工程に入るため休む暇がなくて困るのだと山本さんは笑います。

「紙」に残る意外なメリット

制作が大きくデジタル化された今も、他の人が入れた赤字（修正指示）がひと目でわかるのは、紙の大きな長所だとか。紙上に残された赤字から、何をどう直すべきかのノウハウが継承できるのです。

辞書制作の最前線は、デジタルとアナログそれぞれの得意を生かして、よりよい辞書の追求が進められていました。

取材にご協力くださった三省堂の皆さん、ありがとうございました！

だいかんわじてん
【大漢和辞典】

辞書 諸橋轍次が編纂した日本最大の漢和辞典。大修館書店刊。通称「諸橋大漢和」。親字5万、熟語52万6000を収める。1943年に第1巻を刊行するも戦火で組版を焼失。1955年より再び第1巻から刊行が再開され、1960年の索引をもって全13巻が完結。諸橋の没後も修訂版（1984〜1986年）および修訂第2版（1989年〜）が刊行され、修訂第2版では語彙索引（1990年）、親字・熟語を追加した補巻（2000年）も加わり全15巻となった。2018年にPC用のデジタル版が発売され、2021年にはジャパンナレッジLibにも搭載予定。

たいぎご
【対義語】

辞書学 何らかの観点で意味の対立する語。反対語、反意語とも。「右」と「左」、「高い」と「低い」または「安い」など。また、「国語項目」と「百科項目」、「記述主義」と「規範主義」など対として捉えられる語も、広く対義語に含める場合がある。国語辞典では、語釈の末尾に「⇔」の記号をつけて相互参照するものが多く、本書もそうしている。対義語同士の語釈がバランスの取れた書き方になっていると使いやすいことが多い。 参考 ➡ 類語

だいきりん
【大希林】

テレビ 架空辞書 2002年から2005年にかけ、NHKデジタル衛星ハイビジョンおよびNHK教育テレビジョンで放送されていたテレビ番組。正式名、『日本語歳時記大希林』。また、そこに登場する架空の国語辞典。名称は『大辞林』のパロディだと思われる。『大希林』を編纂した弥勒（樹木希林）と、その家のお手伝いさん（三木さつき）が日本語の表現について語り合う、10分間のミニドラマ。ちなみに、辞書『大希林』は映画『舟を編む』にもカメオ出演を果たしている。

だいぎりん
【大技林】

書名 家庭用ゲームソフトの裏技を辞典風にまとめた書籍。1989年、『ファミリーコンピュータMagazine』誌の付録「ウル技(テク)大技林」として登場し、後に書籍『超絶大技林』、改題して『広技苑』として2008年まで季節ごとに刊行された。『大技林』『広技苑』はそれぞれ『大辞林』『広辞苑』のパロディである。監修者はいずれも「金田一技彦」で、これは金田一春彦のもじりだが、金田一春彦は『大辞林』『広辞苑』の編者ではない。

だいげんかい
【大言海】

辞書 大槻文彦らが編纂した、『言海』を増補した国語辞典。1932〜1935年、冨山房刊。全4巻に9万8000語を収録。1937年には索引を刊行した。『言海』で果たせなかった実例を示すことを実現。語源説が豊富なのも特徴だが、今日から見ると怪しいものが多い。松平円次郎、浜野知三郎、大久保初男らが協力しサ行までが編纂されたが、大槻は死没。タ行以下の執筆は関根正直、新村出の指導のもと大久保が引き継ぎ、大槻の兄の大槻如電が編集を監督した。実例主義の大規模な辞典として『大日本国語辞典』と並び称され、後続の辞書に多大な影響を与えた。1956年に縮刷版『新訂大言海』が、1982年に見出しを現代かなづかいに改めた『新編大言海』が刊行された。

（大言海）

だいじせん
【大辞泉】

辞書 小学館が発行する中型国語辞典。松村明監修。語釈は現代主義をとる。2006年にデジタル編集システムを開発して常時改訂を実現し、現在では電子版の『デジタル大辞泉』が「主」、書籍版が「従」という考え方がとられている。1966年に企画され、1995年に初版が成立。オールカラーの図版6000点を掲載した。初刷50万部は、当時の小学館の一般書籍の初版部数として最多であった。2012年の第2版が書籍版の最新版で、中型国語辞典としては唯一の横組みを採用。CD-ROM版を付録とし、刊行から3年間はデータが無料で更新された。「大辞泉が選ぶ新語大賞」「あなたの言葉を辞書に載せよう。」といったキャンペーンも行っている。 参考 ➡ 編集支援システム、笑っていいとも！

（大辞泉）

だいせんがえらぶ
しんごたいしょう
【大辞泉が選ぶ新語大賞】

催事 『大辞泉』編集部による新語募集キャンペーン。「あなたの言葉を辞書に載せよう。」キャンペーンのスピンオフ企画として2016年に始まった。「ことばの日」である毎年5月18日が開始日で、『デジタル大辞泉』未採録の語をウェブサイトやツイッターにて募集し、編集部が月間賞を毎月選定。さらに月間賞の中から、年末に大賞を決定する。過去の大賞は「トランプショック」「インスタ映え」「空白恐怖症」「イートイン脱税」。受賞した語は語釈が与えられて『デジタル大辞泉』に掲載される。『デジタル大辞泉』にない語・語義ならば受賞資格があり、特に月間賞は新語らしい新語でなくとも選ばれる例がある。

参考 ➡ 今年の新語

だいじてん
【大辞典】

辞書 ㊀山田美妙の編んだ国語辞典。1912年に本名の山田武太郎名義で刊行。豊富な百科項目を中心として、2巻に18万600項目を採録し、特に人名に多く紙幅を費やした。㊂平凡社の刊行した大型辞典。1933年5月に本格的な編集を始め、早くも1934年8月に発刊。1936年9月までに全26巻を出し切るという驚異のスピード出版で、序文もないまま刊行された。ありとあらゆる分野の言葉を収め、現代語をよく集めていたという。公称では固有名詞28万＋普通語47万項目で総項目数70万余りとされるが、明らかに計算が

合わない。それはともかく、現在に至るまで最大の国語辞典なのは確かで、「超大型辞典」「最後に引く辞典」とも呼ばれる。

参考 ➡ 下中弥三郎

たいしゅうかんしょてん
【大修館書店】

出版社 1918年創業の出版社。辞事典、教科書のほかスポーツ系の書籍も多数発行する。『明鏡国語辞典』や、「もっと明鏡」大賞から生まれた『みんなで国語辞典』シリーズが有名だが、かつては『新国語辞典』（1963年）なんて国語辞典を地味に出していた。定評ある『ジーニアス』など英語関係の辞書、かの『大漢和辞典』ほか多くの辞書を刊行する。PR誌『辞書のほん』、辞書利用者向けアプリ「ジショサポ」といった周辺的な事業も展開。

だいじりん
【大辞林】

辞書 三省堂が刊行する中型国語辞典。松村明編。初版1988年。最新版は2019年の第4版で、項目数は25万1000。松村の強い主張により、語釈は現代主義をとる。新語の立項に積極的で、近代漢語の解説が詳しいことなども特徴。現行の中型辞書では唯一アクセントを示す。三省堂にはもともと中型の『広辞林』があったが、後発の『広辞苑』に部数で敗北。対抗するために企画され、1960年に着手。1974年に会社が倒産し、企画売却も俎上に載せられるが、編集長の倉島節尚らの奮迅で編纂は継続。1984年の会社再建の翌年には独立した編集部も設けられた。初版はこの

規模の辞書では活版で組まれた最後のものとなった。第3版ではオンライン辞書の「デュアル大辞林」が、第4版ではスマートフォンアプリが利用可能で、いずれも書籍版に未収録の項目が収められている。第3版をベースにしたデジタル版は「スーパー大辞林3.0」と称され、アプリやオンライン辞書などに提供され普及。第4版をベースにしたデジタル版は「大辞林4.0」と称し、継続したアップデートが予定されている。第2版以降の編集長は第2版萩原好夫、第3版本間研一郎、第4版山本康一。

参考 ➡ 辞林21

（大辞林）

だいそう
【ダイソー】

組織 大創産業が展開する100円ショップのチェーン店。子会社の大創出版がかつて「ミニミニ辞典」（のち「ミニ辞典」）シリーズ、「ポケット辞典」シリーズから国語辞典をはじめとする数十種類もの辞典を出版しており、ダイソーの店頭でもちろん100円で購入できた。やや大きい「常用辞典」シリーズは1000円で、国語辞典、英和辞典、四字熟語辞典が刊行されていた。現在はいずれも休刊。

だいとかい
【大渡海】

架空辞書 『舟を編む』に登場する架空の国語辞典。玄武書房刊、松本朋佑監修。23万項目を2900ページ余りに収める。函と表紙は藍色、題字は銀色といういでたち。書名は「言葉の大海原を渡るにふさわしい舟を編む」との気概を込めて、松本と辞書編集部の荒木が命名したもので、辞書のタイトルには珍しく「言葉」を意味する字が入っていない。中型辞典として最後発ながら「現代の感覚に合う語釈」「百科事典としても活用できる」といった凡庸な方針で企画され、玄武書房で既に刊行した他の国語辞典の語釈はいかさずゼロから作り上げられた。編纂はたびたび中断し、項目の欠落など重大トラブルにも見舞われながら、15年を経て刊行された。映画版では1995年に企画開始、2010年3月8日刊行。映画版・アニメ版だと収録語数は24万。

だいにほんこくごじてん
【大日本国語辞典】

辞書 松井簡治による国語辞典。全4巻、20万4000項目の大型辞典。上田万年との共著になっているが、上田は版元の理解を得るための名義貸し。松井は1897年頃に辞書編纂を思い立ち、5年ほどかけて文献の索引を作成。そのうちの20万語を20年間で執筆する計画を立てた。1903年に原稿執筆に着手し、1914年には略稿が仕上がった。五十音の「あ」「い」以下各項の語釈は橋本進吉が執筆している。1915年から1919年にかけて冨山房・金港堂書籍から刊行し、みごと計画を遂げた。芳賀矢一による序文は国語の教科書にも掲載された。採録項目の多さや出典つき用例の充実など本格的な内容が好評を受け、ロングセラーとなった。のちに、表音仮名索引・漢字索引を加えた修正版（1928年）、松井の序文が入った修訂版（1939年）と、全1巻に縮刷した新装版（1952年）が刊行。松井は完成後から増補のための作業を進めており、長男の驥（き）（1894-1953）も増補改訂に力を注ぐが、志半ばで病没。しかし、遺された増補カードが『日本国語大辞典』の土台となった。

（大日本国語辞典）

たかはしごろう
【高橋五郎】

人物 （1856-1935）翻訳家、評論家、教育者。今日の知名度は高くないが、明治・大正期にはその博学ぶりを知らない人はいない有名人であった。幼少から国漢学や仏典を学び、1875年に宣教師S・R・ブラウン（1810-1880）の秘書となって、ブラウンらによって進められていた新約聖書の翻訳事業に修文記者として参画。1882年頃からは、その訳者のひとりであったJ・C・ヘボンの『和英語林集成』第3版（1886年）の編纂にも携わり、主に古語の採集を行った。『言海』に先立つ1887年から1889年にかけては、先駆的な国語辞典『漢英対照いろは辞典』『和漢雅俗いろは辞典』を世に送り出した。このほか複数の英語辞書の校訂や編纂もしている。

たかみじゅん
【高見順】

人物 （1907-1965）小説家。小学生のときに保護者会から贈られて以来『言海』を愛読しており、「言海礼讃」「辞書について」などのエッセイを残している。 参考 ➡ 愛、猫

たかみねひでこ
【高峰秀子】

人物 （1924-2010）昭和の大女優。『二十四の瞳』『浮雲』などに出演。愛称、デコちゃん。『広辞苑』の編者・新村出は77歳のときに高峰主演の映画『雁』を観る機会を得て、高峰の大ファンとなった。その第3版の広告で「書斎には等身大ポスターがはりめぐらされていた」とファンぶりをバラさ

（高峰秀子）

れている。自分のポスターや等身大パネルで飾られた居間は高峰も目にしており、「なんとも気恥ずかしかった」という。ふたりは交流を持ち、新村は「高峰の秀づる尾根の白雲にかぎろひたちて天つ日ぞ照る」と高峰の名前をモチーフに詠んだ歌をファンレターで送ったりしていた。

たぎご
【多義語】

(辞書学) 互いに関連する複数の意味を持つ語。基本語など日常的によく使う語に多い。国語辞典では、項目内で語義区分を切り分けて、複数の意味を提示する。意味がいくつあると分析するか、また、そのうちどれを採録するかには正解がなく、辞書の規模や編集方針で処理が変わってくる。そのため、「愛」の項目のように、ある辞書では7つの語義区分があるのに対し、別の辞書では語義ひとつしかないという場合も。同様に、「はかる」など色々に表記できる語を、語源が同じ点で多義語とみなして一項目にまとめるのか、表記別に立項するのかも、辞書によりけり。なお、各語義に関連がないと判断されれば、別々の意味を持つ同音語という扱いになる。

(参考) ➡ 階層型、平面羅列型

だざいおさむのじしょ
【太宰治の辞書】

(作品) 北村薫の小説。2015年刊。主人公の「私」は、太宰治の小説「女生徒」に登場する「辞典」が何であるか突き止めようと、あれこれ調べて回る。ところが、太宰が実際に使ったことがはっきりしている『掌中新辞典』にはなかなか巡り合えない。作中には当時の実在の辞書が多数引用されている。

北村薫
『太宰治の辞書』
2015、新潮社

たざんのいし
【他山の石】

(有名項目) 一見手本にはできなそうだが、見方によっては役に立つとも考えられる他者の行い。山田忠雄が自著『私の語誌』の第1巻で数多の用例を開陳し、その語義を分析している。単に「手本」の意味に使うのは不適切であるとされるが、『広辞苑』初版の序文で新村出が「フランスの大辞典リットレないしラルース等の名著およびダルメステテール等の中辞典から平素得つつある智識を、他山の石として」と書いてしまっている。これには『広辞苑』の編集者であった増井元も「本当は人に知られたくない」とこぼしている。ちなみに、『広辞苑』には「本来、目上の人の言行について、また、手本となる言行の意では使わない」とはっきり書かれている。また、『明鏡国語辞典』が初版でこの語を立項しそびれたことも知られている。

た
ぎご―たざんのいし

117

ダッシュ

辞書学 〔dash〕「―」のこと。用例②で、該当する見出し語のかわりに入れる記号。ダーシとも。例えば「ふむ」の項目の用例に「― ―、これですな」とあれば、「ふむふむ、これですな」と読む。長い語も1文字分に略せて紙幅を節約できるほか、用例中の見出し語の位置を見つけやすい効果がある。反面、表記が複数ある語で用例中の表記を示せない、学習者が読むのに負担がかかるといったデメリットがある。そのため、記録の性質が強い辞書や表記情報に力を入れる辞書、学習辞典では使用を避ける傾向にある。

た・てる
【立てる】

辞書学 (他タ下一) 立項する。用例「どのような語形で―てるかが問題となる」「『明鏡国語辞典』初版は『他山の石』を―ていない」

たほいや

一 ゲーム 辞書を使った遊びのひとつ。親と子に分かれて行う。親は『広辞苑』などから誰も知らないような語を選んで仮名見出しを知らせ、それに対して子は真実らしい語釈をでっち上げて親に渡す。親は、実際の語釈と子の創作した語釈の文面を読み上げ、子は実際のものを推理して当てるというルール。英語圏で「dictionary」「fictionary」などの名で遊ばれていたものが、1984年に毎日新聞で紹介され日本に広まった。初期に「たほいや〔＝静岡の方言で、狩人の番小屋〕」が出題

され、好評を受けたことからこの名がついたという。三 テレビ たほいや一を題材にしたテレビ番組。フジテレビで1993年4月5日から9月20日にかけて放映された。出演者は大高洋夫、松尾貴史、三谷幸喜、山田五郎など。三 書名 『たほいや一』の書籍版。フジテレビ出版、1993年刊。クイズ風の作りでひとりでも擬似的にたほいや一が楽しめる。番組で用いられた『広辞苑』第4版を真似て、「自序」「序 たほいや第4版の序」というふたつの序文がついている。

（たほいや）

たもりのジャポニカロゴス
【タモリのジャポニカロゴス】

テレビ 2005年から2008年まで、フジテレビ系で放送されていたバラエティ番組。「主宰」のタモリほか出演者が、日本語をテーマにしたクイズやゲームに挑戦する。金田一秀穂らが監修。『新明解国語辞典』のユニークな用例を紹介するコーナーもあったが、『新解さんの謎』や夏石鈴子

の著書からの盗用も疑われた。『タモリの ジャポニカロゴス国語辞典』と題して、第 1巻が「第一版」、第2巻が「第二版」として 書籍化。

たんざく
【短冊・タンザク】
(俗語) 見坊豪紀が用いていた用例カード の、自身による呼び名。A5判を縦半分に 切った大きさで、形が短冊に似るのでいう。 紙にはさらしクラフト紙106キロを用い た。101字分のますが印刷されている。

ちゅうがた
【中型】
(辞書学) 項目数による辞書の分類で、小型 より大きく、大型より小さいもの。現行 の中型国語辞典は『広辞苑』『大辞林』『大 辞泉』の3種で、B5判3000ページ超に項 目数20万〜30万、百科項目の充実、古 語の採録という共通点がある。小型辞典よ り紙幅に余裕があることで人名・作品名 や各種専門用語に強く、特に古語には 出典つき用例を添えるのが特長。いっぽ うで記述主義の性格が濃く、表記に関す る情報が手薄な傾向がある。ただし、同じ 中型と言えどもデジタル版に軸足を移した 『大辞林』『大辞泉』と紙をベースにした『広 辞苑』とでは、立項や掲載する情報の方針 が異なる。かつては『広辞林』『角川国語中 辞典』『日本語大辞典』『言泉』▣『学研国語 大辞典』なども出ており、辞書戦争が繰り 広げられたこともある大きな市場だった。
[参考] ➡ 準中型

ちゅうき
【注記】
(辞書学) 項目の中で、中心的な意味とは別 に、辞書編纂者が使用者に知らせたい情 報を特に記したもの。補説、補注〔=補助 注記〕とも。この前文のように〔 〕でくく られたり、何らかの約物をともなったり、 あるいは囲み記事として現れる。情報の内 容は多岐にわたり、表記、外来語の原綴り、 意味、語源、類語、用法、誤用など、その 言葉に関連するすべての側面が対象となり うる。『岩波国語辞典』の▽(さんかく)注記は 有名。

ちょうおおがた
【超大型】
(辞書学) 巻数が多く、非常に規模が大きい と考えられる辞書。俗に、『日本国語大辞 典』がこう呼ばれる。飯間浩明は同書を「超 大型辞典」に分類し、中型辞典とされる『広 辞苑』『大辞林』『大辞泉』も一般的感覚から は十分「大型」だという理由を挙げる。見 坊豪紀も『日国』のほか『大辞典』▣を「超 大型辞書」と称したことがある。

ちょこっとラブ
【ちょこっとLOVE】
(楽曲) プッチモニの楽曲。1999年発売。 つんく作詞。「恋という字を辞書で引いた ぞ あなたの名前そこに足しておいたぞ」 と甘酸っぱい恋心を歌い、ミリオンヒット となった。当時、歌詞の真似をして、辞書 に好きな人の名前を書き込んだ人も多かっ たのではなかろうか。

ちょさくけん
【著作権】

辞書学 著作物を創作した者に与えられる権利。辞書は一般に、素材の選択または配列に創作性のある編集著作物にあたると解される。東京地裁昭和60（1985）年4月17日判決（ど忘れ漢字字典事件）は、使用頻度が高い漢字を選択し五十音順に配列した辞典について、選択に創作性があるとして編集著作権が成立すると判示した。個々の語釈の著作物性も問題になる。辞書の語釈はその性質上、表現方法の選択の幅が狭く、著作物性は認められにくい。辞書の語釈について判断したものではないが、東京地裁平成6（1994）年4月25日判決（城の定義事件）では、学究の成果として簡潔に書かれた「城」の定義文には著作物性がないと判示している。ただし『新明解国語辞典』の一部の語釈のように、非常な長文で表現に選択の幅があるものは、著作物にあたると考えてよいだろう。『新明解国語辞典』主幹の山田忠雄は、辞書の語釈の盗用を常に問題視してきた人物である。実際に辞書の著作権侵害の有無が争われた例には、『サンライズ英和辞典』が『アンカー英和辞典』を模倣したとして、1988年、学習研究社が旺文社に販売差し止めなどを求めた訴訟がある。辞書の語釈の著作物性が争われた初の事例として注目されたが、和解が成立し裁判所の判断は示されなかった。

つめ
【つめ・爪】

辞書学 辞書の小口に、そのページにある見出し語の頭文字を示したり、切り込み〔＝爪掛け〕を入れたりして、辞書を引く際の目印としたもの。インデックス。本文の全ページに入れる場合と、各文字の最初の数ページに入れる場合とがある。

（つめ）

ディーエスらくびきじてん
【DS楽引辞典】

デジタル 2005年に任天堂から発売された、ニンテンドーDS用辞書ソフト。下画面のタッチパネルで検索語句を入力し項目を選ぶと、上画面に辞書の語釈が表示される。仮名、英数字の手書き入力も可能。今でこそ電子辞書での手書き入力は当たり前だが、当時は手書きパッドを搭載した専用機はまだ現れていなかった。内蔵辞書は三省堂の『新グローバル英和辞典』、『デイリーコンサイス和英辞典』第5版、『デイリーコンサイス国語辞典』第3版。翌年には、『ジーニアス英和辞典』第3版、『ジーニアス和英辞典』第2版、『明鏡国語辞典』を搭載し、漢字による手書き入力も可能となった後継ソフト「漢字そのままDS楽引辞典」も発売された。

ていぎ
【定義】

辞書学 〔definition〕（名・他サ）語釈のこと。現在でも国語辞典の語釈を指して「定義」と言う場合があるが、記述主義で作られた辞書は、語の正しい意味を定めるものではない。ましてや、人々にその意味だけで使うよう求めているわけでは全くないから、「定義」という用語は辞書の実態とイメージが違うかもしれない。国語辞典における語釈に当たる部分をdefinition〔＝定義〕と呼ぶ英語の辞書でも事情は似たようなものらしく、誤解がついて回るという。

ていぎごい
【定義語彙】

辞書学 〔defining vocabulary〕学習辞典で、語釈を書くのに用いてよいと決められた語の集まり。学習者や児童など言葉をうまく使えない読者を対象とする辞書では、基本語など簡単な語だけで説明するのが望ましく、そうした方針が辞書全体でまんべんなく実現されるためのルールが定義語彙である。この考え方はイギリスの『新式英語辞典』（1935年）が初めて採用し、同辞書は1500ほどの単語だけで2万4000項目を説明しきっている。日本の学習辞典も語釈をやさしく書く方向にはあるものの、定義語彙を明らかにして作られたものはまだない。 参考 ➡ 循環

ていこくだいじてん
【帝国大辞典】

辞書 三省堂による初めての国語辞典。1896年刊。項目数5万7000。三省堂の創

業者である亀井忠一が明法堂から『日本大辞書』の改訂原稿を買い取り、これをもとに1年余りで編集された。編集は斎藤精輔が監督した。題字は当時の文部大臣であった西園寺公望が書いている。翌年には、これを小型化し項目数を4万6000に減らした『日本新辞林』も出た。後の『辞林』の基盤にもなっていると見られ、三省堂の国語辞典の源流といえる存在である。

ディジタルアシスト

デジタル 〔Digital Assist〕辞書のデジタル化を広く手がける会社。2001年、永田健児により設立された。各種のデジタル辞書用に紙辞書をXML化しているほか、その辞書用XMLであるLeXML（レクスエムエル）の仕様そのものを策定・公開しており、知らないうちに誰もがものすごくお世話になっている。

辞書特有の言い回し❷

また、その○○。

☞ 字数の圧縮に用いる辞書的表現。『広辞苑』で「意匠」を引いてみると、「美術・工芸・工業品などの形・模様・色またはその構成について、工夫を凝らすこと。また、その装飾的考案」とある。最後の「その」に圧縮された意味をどう読み下すべきか、少し悩ましい。本書でも数項目で使っているので、お暇なら探してみてください。

デイリーコンサイス こくごじてん
【デイリーコンサイス国語辞典】

[辞書] 三省堂が刊行するポケット判の国語辞典。佐竹秀雄・三省堂編修所編。通称、デイリー国語。『袖珍コンサイス英和辞典』（1922年）の流れを汲む『デイリーコンサイス英和辞典』（初版1957年）と同じ系統であるが、登場は1991年と遅い。ポケット判で語釈は簡素ながら、2018年刊の第6版では7万4800語をも収め、アクセント表示を備えるなど侮れないものがある。「三省堂辞書」「三省堂 Web Dictionary」といった三省堂のオンライン辞書では『デイリー』の英和・和英辞典とともに無料で供されがち。

（デイリーコンサイス国語辞典）

デジタルじしょ
【デジタル辞書】

[デジタル] コンピュータで用いる辞書の総称。独立した電子機器である電子辞書、電子ブックやPC用のCD/DVD-ROM、スマートフォンやタブレット用の辞書アプリ、デバイスを問わず開けるオンライン辞書など、これまでさまざまな媒体で登場

した。デジタル化には次のようなメリットがある。データそのものに実体がないため携帯性にすぐれ、1台のデバイスを持ち運べば好きなときに複数の辞書を引ける。検索方法が多様で、前方一致、後方一致、部分一致、全文検索、パターン検索などがある。調べたい語のコピー＆ペースト、手書きによる文字入力、分野別に分かれた項目リスト、あるいはあいまい検索など、目当ての項目に到達するルートが幅広い。串刺し検索や、ハイパーリンクを用いた相互参照により、幅広い辞書の項目をすぐに開ける。音声や画像のデータを搭載できるため、発音の再生やカラー写真の表示ができる。以上の通り、媒体によって異なるが多くの利点を持つ。デメリットとしては、一覧性の低さ、機器やサービスの対応終了による寿命の短さなどが指摘される。デジタルになっていない辞書も多く、ラインナップにも発展の余地が大きい。[参考]
➡ EPWING、XML、電子化辞書、ボーンデジタル辞書

（デジタル辞書）

デジタルだいじせん
【デジタル大辞泉】

[辞書] [デジタル] 小学館のデジタル辞書。

紙の『大辞泉』増補新装版に新語と片仮名語を加え、内容を改訂して、2004年3月にスタートした。2004年にオンライン辞書、2006年に電子辞書、2008年にアプリとして展開。2012年からAmazonの電子書籍リーダー「Kindle」にも採用。2013年にHMDTからリリースされたアプリでは、一定回数まで無料で引くことができ、使い切ったら有料で使用回数を補充するという野心的な試みを一時期行っていた。オンライン辞書とアプリでは年3回改訂されるのが大きな売り。項目数は年々増加し、2020年にはついに30万項目に達した。

参考 ➡ 大辞泉が選ぶ新語大賞、あなたの言葉を辞書に載せよう。

デジタルだいじせんプラス
【デジタル大辞泉プラス】

辞書 デジタル 固有名詞をメインに扱う、『デジタル大辞泉』の派生辞書。2011年12月に公開。年1回改訂されており、当初は2万8000項目だったが、マイナーな名称も手当り次第採録し、2020年には10万項目を超えた。主要な辞書名が立項されているのは言うに及ばず、「辞典」で見出し語を検索すると『アクセスアンカー英和辞典』以下585件がヒットするほど。「岩国」「現国例」「三国」「新解さん」「日国」まであるのには驚かされる。

デュアルだいじりん
【デュアル大辞林】

デジタル 三省堂が提供する、『大辞林』第3版の購入者が無料で利用できるオンライン辞書。「三省堂デュアル・ディクショナリー」のひとつ。『大辞林』第3版の本文のほかに、新語や流行語を中心とした書籍未採用項目も同時に検索することができる。類語情報が備わっているほか、未採用項目にはその項目が採録・修正された日付も示されているなど、他の『大辞林』のデジタル版では見られないデータが参照できる。第4版の発売に伴い更新は停止されたが、現在も利用可能。

てんぎ
【転義】

辞書学 語のもともとの語義が変化して生じた語義。通常は、物質的・具体的・直接的な原義(例えば、動物の「あし」)から、概念的・比喩的・間接的な転義(例えば、家具の「あし」、移動手段やお金を指す「あし」)が派生する。国語辞典での扱い方は、いちいち語義区分を分けて意味の差を際立たせようとするタイプと、原義とのつながりを重視し、もとの意味の語義区分において注記や用例で示すタイプとがある。いずれの場合も、転義は語釈の後ろのほうに記述される。

でんしかじしょ
【電子化辞書】

デジタル 紙辞書の内容をデジタルデータに移し替えて、コンピュータで閲覧できるようにしたデジタル辞書。オンライン辞書や辞書アプリのほとんどは、既存の辞書を底本としてXMLなどに変換した電子化辞書である。⇔ボーンデジタル辞書

でんしじしょ
【電子辞書】

デジタル ①辞書の閲覧専用に作られたポケットサイズの電子機器。電子辞書専用機、IC辞書とも。電卓のような形状のカード型と、画面部と入力部をふたつ折りにして使うクラムシェル型に大別される。1979年に初の電子辞書「IQ-3000」がシャープから発売された後、1990年までにキヤノン、カシオ、セイコー電子工業（現セイコーインスツル）、三洋電機、ソニーが参入。ほとんどは、電子辞書と同様のパーツを使う電卓のメーカーであった。1992年にフルコンテンツ型電子辞書が、2002年にカラー液晶を搭載する機種がシャープから発表され、収録コンテンツ数やハードウェアの機能の競争が展開した。90年代後半に市場は急成長を遂げたが、国内出荷数280万台を記録した2007年をピークにして売上は下降。撤退するメーカーも相次いだ。なお、医療・看護系コンテンツ搭載の電子辞書は堅調であるほか、テレビ通販では売れ筋商品という。 参考 ➡ ジャパネットたかた ②デジタル辞書に同じ。混同を避けるため総称を「デジタル辞書」、電子辞書①を「電子辞書専用機」「IC辞書」と呼び分けることもある。

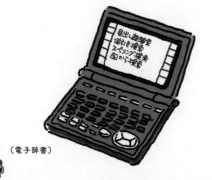

（電子辞書）

でんしブック
【電子ブック】

デジタル 1990年代に販売されていた、8mm CD-ROMと専用プレーヤーで読む電子書籍。1990年発売のソニー「データディスクマンDD-1」が世界初の機種で、「三省堂辞書」がバンドルされていた。コンテンツは『広辞苑』『三省堂現代国語辞典』『学研現代新国語辞典』など辞書が多く、その数は海外も含めれば数百種にのぼったという。CDドライブの宿命としてデータ読み込みに時間がかかるのが弱みだった。ソニーのほか三洋電機、松下電器、NECからもプレーヤーが販売されたが、PCの普及に伴い姿を消していった。俗に、電子書籍全般を指して電子ブックと呼ぶこともある。

てんれいばんしょうめいぎ
【篆隷万象名義】

古辞書 現存する日本最古の辞書。827〜835年成立とされる。中国の字書『玉篇』を縮約し、漢字の発音と意味を注記した字書。全6帖30巻のうち前半4帖は空海の編による。京都の高山寺が収蔵する写本は国宝。上段に篆書、下段に隷書の字体を掲げる箇所がありこの名で言う。

どうおんご
【同音語】

辞書学 発音が同じで、意味の異なる語。「雨」に対する「飴」、「対象」に対する「対照」「対称」など。同音異義語。音読みが同じものを同音異義語、訓読みが同じものを同訓異義語あるいは異字同訓といって呼び分

けることもある。字音語の場合、多くの辞書では同音異義語は別々の見出しとしているが、『角川必携国語辞典』のように、意味の似ているものをひとつの見出しとする辞書もある。異字同訓では、「油」と「脂」、「押さえる」と「抑える」など、用字が異なっても語源が同じ場合が多い。こちらは、語源が同じであれば同一の見出しとし、書き分けは解説文中で触れるという処理をする辞書が多いが、『三省堂国語辞典』は用字によって見出しを分ける。

（同音語）

どうせいあい
【同性愛】

有名項目 自身と同じ性を性愛の対象とすること。かつて辞事典類には同性愛を異常なものであるとする差別的な記述があり、『広辞苑』第3版（1983年）でも「同性を愛し、同性に性欲を感ずる異常性欲の一種」と説明されていた。これを問題視した当事者団体「動くゲイとレズビアンの会」（アカー）は1991年に岩波書店へ検討を申し入れ、同年刊の第4版で「同性の者を性的愛情の対象とすること」と訂正された。

参考 ➡ 恋、恋愛

どうどうめぐり
【堂々巡り】

辞書学 ➡ 循環

どうぶつえん
【動物園】

有名項目 『新明解国語辞典』の語釈をめぐり物議をかもした語のひとつ。第4版の初刷から第6刷まで、「生態を公衆に見せ、かたわら保護を加えるためと称し、捕らえて来た多くの鳥獣・魚虫などに対し、狭い空間での生活を余儀無くし、飼い殺しにする、人間中心の施設」という激烈な語釈が書かれていた。さすがに問題があると思ったのか、第7刷で「捕らえて来た動物を、人工的環境と規則的な給餌とにより野生から遊離し、動く標本として都人士に見せる、啓蒙を兼ねた娯楽施設」と改められた。当初の語釈には、当時日本動物園水族館協会顧問だった正田陽一も「悪意に満ちた文章であり、動物園に対する偏見としかいいようが無い」と苦言を呈している。なお、正田の指摘時にはすでに語釈は修正されていた。

（動物園）

とうようかんじ
【当用漢字】

辞書学 ➡ 常用漢字

ときえだもとき
【時枝誠記】

人物 （1900-1967）国語学者。上田万年、橋本進吉に師事し、「言語過程説」を提唱したことで知られる。1956年、画期的な国語辞典『例解国語辞典』を編纂した。教え子で、『例解国語辞典』の執筆者のひとりである松井栄一によれば、よくある名義貸しを嫌い、自身で種々の処理をしたという。他、『角川国語中辞典』編者、『日本国語大辞典』初版編集顧問。

（時枝誠記）

どくしゃ
【読者】

辞書学 辞書は読むものだという立場からとらえた、またはそうあることを期待して言う、辞書の使用者。『岩波国語辞典』第7版序文では「読者（あえて利用者とは言わない）」と踏み込んだ表現が用いられている。単に引くだけで事足れりとするのではなく、真摯に、あるいは批判的に辞書を使ってほしいという編者の願いが見える。

とくそうばん
【特装版】

辞書学 書籍で、装丁を特別なものとした仕様。辞書には多い。通常版と特装版とで書店の棚を占有できるなどの利点があるという。『新明解国語辞典』第7版の「特装版」「特装青版」のように函や表紙の色・デザインを変えたもの、「ことば選び辞典シリーズ」のエヴァンゲリオン版のように他のコンテンツとコラボしたものなどが代表的。かつては企業のノベルティとして国語辞典の特装版が製作されることもあった。単に判型を変えた小型版や大型版は普通は特装版とは呼ばない。

どらえもん
【ドラえもん】

作品 キャラ 藤子・F・不二雄の漫画作品。また、そこに登場する猫型ロボット。言わずと知れた国民的キャラクターである。小学館の小学生向け国語辞典『例解学習国語辞典』には、第7版から最新の第11版まで「ドラえもん版」があり、装丁や挿し絵に『ドラえもん』のキャラクターが描かれている。第9版には、のび太とドラえもんが辞書引き学習をガイドするアニメ作品「ドラえもんの辞書引き大冒険」が収録されたDVDが付属した。2011年からは、『ドラえもんはじめての英語辞典』を皮切りに、『ドラえもんはじめての国語辞典』『ドラえもんはじめての漢字辞典』などの「ドラえもんはじめての辞典シリーズ」が展開されている。また、学習漫画「ドラえもんの学習シリーズ」からは、「漢字辞典」「英語辞典」「ことわざ辞典」など漫画で解説する辞

書風の読み物が刊行されているほか、「ことばの力がつく辞書引き学習」も出ている。

（ドラえもん）

どらえもん　はじめてのこくごじてん
【ドラえもん はじめての国語辞典】

［辞書］小学館国語辞典編集部編の、園児〜小学校低学年を対象とする国語辞典。初版2013年刊。第2版は2018年刊、1万8000項目。表紙や挿し絵に『ドラえもん』のキャラクターが多数配置され、内容は同社の『学習国語新辞典』をベースに編纂されたと思われる。ドラえもんではなくオリジナルキャラクターとなる王様や小人の絵をあしらった『はじめての国語辞典』もあり、こちらは一般に販売されていない。

［参考］➡新レインボーはじめて国語辞典

トリビアのいずみ
【トリビアの泉】

［テレビ］2002年から2012年までフジテレビ系で放送されていたテレビ番組。副題「素晴らしきムダ知識」。視聴者から投稿された雑学を、パネリストが「へぇ」と音の出るボタンを押して評価する。なぜか『広辞苑』ネタが多く、「広辞苑では「大穴」の前に「大当たり」が載っている」「広辞苑には「おおまんこまん」という言葉が載っている」「広辞苑には「美少年」は載っているが「美少女」は載っていない」「広辞苑の「喉ちんこ」の隣にあるのは「喉ちんぽ」」「広辞苑には「諦めずに頑張り続ける」という意味の「頑張りズム」という言葉が載っている」といったトリビアが紹介された。なお、現行の版では「美少女」も載っている。また、視聴者からの疑問を検証するコーナー「トリビアの種」では、「広辞苑に載っている言葉でもっとも長くしりとりをすると最後の言葉は「るすばん」」であること、「約23万語の言葉が載っている『広辞苑』でちょうど真ん中にある言葉は「精光」と「精好」」であることも明らかにされた（いずれも第5版による）。

ドングリ
【DONGRI】

［デジタル］〔Dictionary Of New GeneRatIon〕イーストが2015年に開始したデジタル辞書サービス。iOS、Android、Windowsの辞書アプリか、またはブラウザからオンライン辞書として使えるが、プラットフォームにより購入形態や辞書コンテンツが異なる。三省堂、小学館、学研プラス、大修館書店の各種辞書が使用可能で、他にはない『現代国語例解辞典』や『学研現代新国語辞典』などが提供される。

ナイツの
ちゃきちゃきだいほうそう
【ナイツのちゃきちゃき大放送】

毎週土曜日午前9時からTBSラジオで放送
されている、漫才コンビのナイツがパー
ソナリティを務めるラジオ番組。正式名、
『土曜ワイドラジオTOKYO ナイツのちゃ
きちゃき大放送』。三省堂がスポンサーで、
2019年4月開始のコーナー「ナイツの新
明解国語辞典で調べました」では、『新明
解国語辞典』『新明解ことわざ辞典』『大辞
林』など三省堂の辞書に載っている言葉の
意味や語源を問う3択クイズをリスナーか
ら募集、出演者が解答する。選択肢のひと
つにボケを入れるのが恒例。

なかむらあきら
【中村明】

人物 (1935-)国語学者。企画中止になっ
た某社の国語辞典に関わったのち、『角川
新国語辞典』『集英社国語辞典』などの編者
を務める。『日本語文章・文体・表現事典』
『三省堂類語新辞典』の主幹。『日本語表現
活用辞典』『比喩表現辞典』『感情表現辞典』
『人物表現辞典』『日本語語感の辞典』『日本
の作家名表現辞典』『日本語笑いの技法辞
典』『日本語の文体・レトリック辞典』『文
章を彩る表現技法の辞典』『類語ニュアン

ス辞典』など、驚異的な種類の表現辞典を
著している。著書に『文章表現のための辞
典活用法』『五感にひびく日本語』など。

ナゼー

楽曲 日向坂46の楽曲。2020年発売の
4thシングル「ソンナコトナイヨ」に収録。歌
唱メンバーは東村芽依、河田陽菜、松田好
花。MVには三省堂が協力し、『大辞林』第
4版の項目で壁、天井、床が埋め尽くされ
た箱型のセットの中でメンバーが踊った。

なぞる
【ナゾル】

デジタル シャープが製造・販売するペン
型の電子辞書端末。先端にある読み取り
部で文字をなぞると、本体の液晶に辞書の
項目が表示される。2016年、「スーパー
大辞林3.0」を搭載した国語モデル、『グラ
ンドコンサイス英和辞典』を搭載した英和
モデルの2機種が発売。2018年には、音
声も再生できる「ナゾル2」として英語モデ
ル、中国語モデルが発売された。なお、こ
れ以前にも富士ゼロックス「スクールシノ
ニー」(1991年発売)、セイコーインスツ
ルメンツ(現セイコーインスツル)「クイッ
クショナリーボイスQT-200」(1999年発
売)など、似たような電子辞書があった。

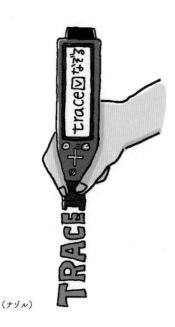

（ナゾル）

なちぐろ
【那智黒】

有名項目 碁石や硯石などに加工する、黒色の石の一種。辞書の語釈をめぐり問題となった語のひとつ。那智黒の産地である三重県熊野市の調べでは、十数社の辞事典に産地を那智地方とする誤りがあり、1997年、同市はこれらの辞書に訂正を申し入れた。2013年、『広辞苑』がこの誤りを訂正していなかったと報じられるが、岩波書店側は、第4版で「和歌山県那智地方産の、黒色の特に硬質な粘板岩」としていたのを、第5版で「（和歌山県那智地方に産したからいう）黒色の特に硬質な粘板岩」と過去形に改めており、誤りを放置してはいないと反論している。報道後に出た第7版では、「（那智の浦と称した和歌山県新宮市から太地町に至る沿岸に産出したからい

う）黒色の特に硬質な粘板岩から成る小石」とさらに詳しく説明され、「三重県で採掘する」という情報も追記された。

なついしすずこ
【夏石鈴子】

人物 （1963-）作家。『文藝春秋』の編集者として赤瀬川原平に『新明解国語辞典』のエッセイを依頼した「SM君」その人で、本名のイニシャルからこう命名されていた。愛称「新解さん」の命名者である。13歳の誕生日に父から『新明解国語辞典』第2版をプレゼントされたことから同書にはまったという。1998年、鈴木マキコ名義でエッセイ『新解さんの読み方』を上梓、2003年に夏石名義で文庫化。2005年には続編『新解さんリターンズ』を著した。

参考 ➡ 赤目四十八瀧心中未遂

（夏石鈴子著作）

『新解さんの読み方』
2003、角川文庫／
KADOKAWA

『新解さんリターンズ』
2005、角川文庫／
KADOKAWA

なつのじん
【夏の陣】

俗語 『広辞苑』の発売が翌年に迫った1954年の7月末から9月上旬にかけ、熱海にあった岩波書店別荘の惜櫟荘で泊まり込みで行われた、『広辞苑』の原稿の補訂作業の俗称。岩波書店の長田幹雄が指揮し、同社の編集者十数名が作業にあたった。百科項目の語釈の不備が手直しされたほか、「人民戦線」「特攻隊」など新語が多数追加された。また、このとき大野晋が長田に召集され、基本語に不備があることを提言している。同年10月から11月には、同じ場所で校正作業「秋の陣」(「冬の陣」とも)も行われた。

(夏の陣)

「フォンテーヌブローのナポレオン」に描かれているナポレオンからは不可能しか読みとれない

(ナポレオン)

ナポレオン

人物 〔Napoléon Bonaparte〕(1世)(1769-1821) フランス第一帝政の皇帝。在位1804 〜 1814年、1815年。「余の辞書に不可能の文字はない」と言ったとか、言わなかったとか。1983年、この名言をモチーフにした『ナポレオン辞書』という辞書が作られたこともある。これは『学研国語辞典』の本文から「不可能」の項目を削ったもので、森田薬品工業がノベルティとして製作したものである。ちなみに、ナポレオンは外交官クレチアン＝ルイ＝ジョゼフ・ド・ギーニュ (1759-1845) に命じて中国語・フランス語・ラテン語の対訳辞書を編纂させている。

なみばん
【並版】

辞書学 小型版、大型版、革装版、特装版などに対し、最も普通の仕様のバージョンを指す語。普通版、通常版ともいう。

にいな
【新字】

〈古辞書〉記録に残る日本最古の辞書。日本書紀によると、西暦682年に天武天皇の命で編纂され、44巻構成であったとされるものの、現存しない。日本書紀に示された訓は「にいな」だが、音読みで「しんじ」と言う場合もある。

にぎょうしゅぎ
【二行主義】

〈辞書学〉語釈を2行にまとめる編集方針。『明解国語辞典』の姿勢を山田忠雄が命名。

にげんごじしょ
【二言語辞書】

〈辞書学〉〔bilingual dictionary〕ある言語で見出し語を立て、別の言語による対訳や語釈をつけた辞書。二か国語辞書とも。英和辞典、和英辞典などがこれに当たる。⇔一言語辞書

にしおみのる
【西尾実】

〈人物〉(1889-1979) 国文学者、国語教育学者。中世文学が専門。国立国語研究所初代所長。戦時中、岩波書店の岩波茂雄から国語辞典出版の相談を受け、橋本進吉を推薦。国語教育の経験などを買われ、橋本に請われてその辞書の共編者についた。戦況悪化と橋本の病没で企画は頓挫するが、戦後改めて岩波書店に依頼され『岩波国語辞典』の編者となり、橋本の教えを受けた岩淵悦太郎や、水谷静夫、林大ら国立国語研究所の所員を動員して編纂にあ

たらせた。

にしむらしげき
【西村茂樹】

〈人物〉(1828-1902) 明治期の啓蒙思想家、教育家。明六社や東京修身学社 (のちの日本弘道会) の設立メンバー。1875年から文部省に出仕し、編集課長として部下の大槻文彦に日本辞書 (のちの『言海』) 編纂を任せた。国学・漢学だけでなく洋学にも通じた学者を当てるべきと考えての抜擢であった。『言海』刊行時は文部省を去っていたが、『言海』に序文を寄せ、また刊行記念の祝宴ではスピーチを打って、大槻の功をたたえた。

にしょくずり
【二色刷り】

〈辞書学〉黒と赤などの2色で印刷すること。また、そうした印刷物。国語辞典では1970年頃の学習辞典から出現したようで、つめ、約物・略号、重要語マーク、アクセント表示などを赤くして読者に注意をうながす。学習的なものや対象年齢が低い辞書ほどカラフルになりがち。参考 ➡ オールカラー

にっこく
【日国】

〈略称〉『日本国語大辞典』の略称。小学館社内ではこう呼ばれているようである。「日本国語教育学会」の略称でもあるため、同学会に言及する際にはまぎらわしくならないよう注意。「日国大」とも。

にっこくとものかい
【日国友の会】

サイト 『日本国語大辞典』の編集部が運営する、同書に未掲載の用例、語釈、項目を読者から募るウェブサイト。第2版の編集委員を務めた徳川宗賢(1930-1999)の発案で、2002年に開設。会員登録すれば誰でも投稿可能で、投稿された用例はサイトで公開される。成果は『精選版日本国語大辞典』に反映されており、きたる第3版にも活用されるものと思われる。

おまえの言葉は
おれのもの
おれの言葉も
おれのもの

なあ心の友よ

（日国友の会）

にっぽじしょ
【日葡辞書】

古辞書 イエズス会の宣教師らが編纂した対訳辞書。3万2293語収録。1603年に本編、翌年に補遺が出版された。日本語の見出し語がローマ字で示され、語釈はポルトガル語で書かれる。布教にあたり必要な日本語の会話を助ける目的で作られたため、フォーマルな文語だけではなく俗語、方言、卑語なども含めた口語を採録し、用例も豊富に収めるという点に特徴がある。室町期の日本語の実相を伝える極めて貴重な資料である。

にっぽんだいげんえん
【日本大言苑】

架空辞書 大西巨人の小説『迷宮』(1995年)に登場する架空の国語辞典。版元は老舗の教育・文芸図書出版社である成蹊堂。1989年に第5版が刊行。やはり架空の文学用語「死にはぐれ派文学」を「第二次大戦後における一つの有数な文学流派」などと説明している。

にほんご
【日本語】

辞書学 この本で用いられている言語。にっぽんご。主に日本列島で話されている。国語辞典が対象とする言語であり、その名の通り対内的には「国語」ともいう。「日本語」は「国語」に比べ、他の言語の存在を前提とした客観的な言い方であるというニュアンスが強い。国際化時代になると、『日本語大辞典』『小学館日本語新辞典』といった「日本語」を書名に冠した国語辞典も出版された。

にほんこくごだいじてん
【日本国語大辞典】

辞書 小学館が発行する大型国語辞典。史上初、そして唯一の本格的歴史主義の国語辞典で、上代から現代に至る間に現れた膨大な語と、初出例を含む豊富な実例を示すことを特徴とする。松井簡治が遺した『大日本国語辞典』増訂用カードの検証のため、1961年、簡治の孫の松井栄一を中心として準備委員会が発足。同書の改訂ではなく新規の辞書とすることが決まり、用例採集、資料選定、立項、原稿執筆等が並行して進められた。1971年には小学

館からスタッフが移籍し「日本大辞典刊行会」が組織され、編集作業のスピードアップが図られた。初版全20巻は1972年から1976年にかけ刊行。項目45万、用例75万を収めた。編集長は倉島長正。1979年から1981年にかけては縮刷版全10巻が刊行された。成果は『国語大辞典』『故事俗信ことわざ辞典』『現代国語例解辞典』『日本方言大辞典』などに還元され、また第2版に向けての用例採集等を兼ねて各種の辞書や読本、『例文で読むカタカナ語の辞典』などが編纂された。1990年に新たな編集委員会が正式に発足し、2000年から翌年にかけ第2版が成立した。全13巻からなり、項目50万、用例100万を擁する。語誌、上代特殊仮名遣い、古辞書の表記、同訓異字の解説などを追加し、用例には逐一その出典年を明記した。2002年には索引と出典一覧を収めた別巻が刊行された。また同年ウェブサイト「日国友の会」を開設、読者からも用例等を募集し始めた。2005年から翌年にかけては『精選版日本国語大辞典』も刊行。2007年に電子版がジャパンナレッジに搭載され、オンラインで利用可能となった。略称「日国(にっこく)」「日国大(にっこくだい)」。 参考 ➡ 神永曉

にほんごだいじてん 【日本語大辞典】

辞書 講談社が刊行していた中型国語辞典。副題「講談社カラー版」。初版1989年、第2版1995年。梅棹忠夫、金田一春彦、阪倉篤義、日野原重明監修。略称GJ〔←The Great Japanese Dictionary〕。国語辞典として初めてのオールカラーの紙面を採用し、図版・写真6000点を収録。各語には英訳も添えられた。『広辞苑』関係者からのヒアリングの上、『広辞苑』の反対の極を軸とし編纂したという。執筆にはほぼ社内のスタッフがあたった。国語項目は『講談社国語辞典』がベース。同時期に出た『大辞林』『大辞泉』との販売競争に敗れ、絶版。

にほんじしょの げんじつとりそう 【日本辞書の現実と理想】

新村出が1933年に行った講演。国語辞典(のちの『辞苑』)編纂を新村に依頼した岡茂雄の企画により、長野県松本市で開かれた。『NED』(のちの『OED』)を念頭に、日本でも本格的な大辞典を編むべきだという新村の辞書論を10項目にわたって述べたもの。

（日本国語大辞典）

にほんしょうじてん
【日本小辞典】

`辞書` 🈩物集高見が編纂した雅語辞典。1878年刊。用言のみ6000語を見出し語とする。「辞典」の名を冠した最初期の辞書でもある。🈔服部元彦が編纂した雅語辞典。1890年、国語伝習所刊。副題は「雅俗俗雅」で、前半が雅俗の部、後半が俗雅の部となっている。🈪大和田建樹が編纂した普通語の国語辞典。1897年、博文館刊。前年の『日本大辞典』から項目を半分ほどに削り、袖珍版としたもの。

にほんしんじりん
【日本新辞林】

`辞書` ➡ 帝国大辞典

にほんだいじしょ
【日本大辞書】

`辞書` 山田美妙編の国語辞典。1892〜1893年刊行。本文11巻、補遺1巻。『言海』に触発された山田が短期間に完成させた。「ん」を五十音順の末尾として排列する初めての辞書。また、逐一アクセント表示をつけた初めての辞書で、それをもって『言海』の欠陥を克服したと序文で誇っている。付録「日本音調論」でもアクセントを論じる。言文一致運動を展開した山田らしい口語体の語釈も特徴だが、口述筆記という前代未聞の編集方法で速成した結果であった。語釈は『言海』の焼き直しが多く、にもかかわらず随所で『言海』の内容を攻撃するという代物。饒舌で類義語の区別にも触れる前半に比べると後半は手薄で、「せ」の項目が全体の3分の2に位置するバランスの悪さから、評判は芳しくなかった。改訂原稿は三省堂が買い取り『帝国大辞典』となった。

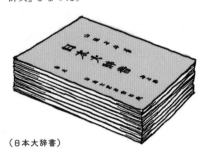

（日本大辞書）

にほんだいじてん
【日本大辞典】

`辞書` 大和田建樹が編纂した普通語の国語辞典。1896年、博文館刊。項目数3万7000。すでに五十音順の辞書が多く出ていたが、社会の大多数はいろは順で行われているとして、いろは順を採用。排列は仮名遣いにかかわらず発音によっており、日用に便利なように工夫された。翌年には、項目を抜粋した『日本小辞典』も刊行された。

にほんだいじりん
【日本大辞林】

`辞書` 物集高見が1894年に編纂した国語辞典。『ことばのはやし』を増補したもので、項目数5万5000。1907年には縮刷版も出た。 `参考` ➡ 北原白秋

ぬめりかん
【ぬめり感】

(俗語) 辞書の紙の質感として欠かせないものとされる、めくったときに指の腹に自然と吸い付くような感じ。もと『広辞苑』の用語であったが、小説『舟を編む』で用いられたことにより広まった。 参考 ➡ インディアペーパー

しっとりなのにさらり

（ぬめり感）

ねこ
【猫】

(有名項目) 『言海』の語釈で最も有名なもののひとつ。曰く、「古ク、ネコマ。人家ニ畜フ小キ獣、人ノ知ル所ナリ、温柔ニシテ馴レ易ク、又能ク鼠ヲ捕フレバ畜フ、然レドモ、窃盗ノ性アリ、形、虎ニ似テ、二尺ニ足ラズ、性、睡リチ好ミ、寒チ畏ル、毛色、白、黒、黄、駁等種々ナリ、其睛、朝ハ円ク、次第ニ縮ミテ、正午ハ針ノ如ク、午後復タ次第ニヒロガリテ、晩ハ再ビ玉ノ如シ、陰処ニテハ常ニ円シ」。生き生きとした描写にはファンが多く、芥川龍之介をはじめ、高見順の「言海礼讃」などあちこちで引用されている。この語釈は『大言海』にもほぼ引き継がれたが、

芥川がいちゃもんをつけた「窃盗ノ性アリ」は削られてしまった。 参考 ➡ 柳瀬尚紀

盗ってるんじゃないわ
獲ってるのよ

（猫）

ネットじしょ
【ネット辞書】

(デジタル) ➡ オンライン辞書

のりとはさみ
【のりとはさみ・糊と鋏】

(俗語) 先行書から切り貼りして書物などを作ることのたとえ。地道な用例採集によらず、他の辞書からの引き写しで項目選定や語義記述を済ませる辞書がある、という実態を論ずる中でよく用いられる表現。『新明解国語辞典』は第4版以降「はさみ」の項目で「のりとはさみで作った辞書」という用例を掲げ、問題意識をあらわにしている。 参考 ➡ 芋辞書

（のりとはさみ）

バイバイブラックバード
【バイバイ、ブラックバード】

作品 伊坂幸太郎の長編小説。2010年刊。5股をかけている男・星野一彦が、巨体で金髪の怪女・繭美にいじめられながら、交際相手たちに順に別れを告げて回る。繭美は「色気」「常識」「気遣い」「マナー」「愛想」「想像力」といった「自分に必要のない」項目をサインペンで塗り潰したよれよれの辞書を持ち歩いており、事あるごとに見せつける習性がある。2018年にWOWOWでドラマ化され、星野を高良健吾、繭美を城田優が演じた。繭美の辞書は『新明解国語辞典』第4版を使用。「わたしの辞書に、『色気』はない」と辞書を開く場面では「イリュージョン」「イルミネーション」「入れ揚げる」「慰霊」「入れ歯」「色悪」「色男」「色女」「色香」なども黒塗りなのが見て取れるが、「入れ込む」「色気違い」などは生き残っている。 参考 ➡ ナポレオン

はいれつ
【排列・配列】

辞書学 (名・他サ) 見出しなどを、一定の並べ方で並べること。また、その並べ方。辞書の項目がルール通りに排列され、使用者がそのルールを理解して初めて、使用者は目的の項目にたどり着ける。現代の国語辞典では五十音順が最も一般的だが、歴史的には、分野ごとの意味分類（概念分類）が主流だった時期が長い。『色葉字類抄』はいろは順の辞書で、見出し語の最初の文字をいろは順で分け、それぞれについて意味分類を行った。明治の『言海』以降、五十音順がスタンダードとなり、大正時代にはローマ字引きも現れる。現代では意味分類の辞書はもっぱら類語辞典と称される。漢字辞典では字形による排列、また外国の辞書ではアルファベット順が行われている。デジタル辞書では、キーワード検索で項目に直行できるうえ、印刷の必要がなく排列を固定せずともよいため、さまざまな応用が考えられる。 参考 ➡ 語義区分

はかせときょうじん
【博士と狂人】

書名 〔The Professor and the Madman〕サイモン・ウィンチェスターの長編ノンフィクション小説。原著1998年刊。『OED』編纂者として大量の用例を必要としていたジェームズ・マレーと、精神病院から用例を送ってマレーを支援し続けたアメリカ人ウィリアム・チェスター・マイナーというふたりの男の人生を描く。メル・ギブソン、ショーン・ペンの出演で2019年に映画化され、日本では2020年に公開。

（博士と狂人）

はがやいち
【芳賀矢一】

人物 （1867-1927）国文学者。近代的国文学を樹立し、「国文学の父」と称される。上田万年や松井簡治と昵懇で、『大日本国語辞典』に序文を寄せている。落合直文の没後には『ことばの泉』の改訂を行い、『言泉』として刊行した。序文で「辞書は原著者の名をいつまでも保存して、だんだんに後の人が増補し、完成していくのが至当である」と述べているが、『言泉』がこれ以降増補されなかったのは切ない。『大日本国語辞典』縮刷版、『日本国語大辞典』初版の編集に携わった芳賀定は末子。

はくぶんかん
【博文館】

出版社 明治・大正期最大手の総合出版社。1887年に大橋佐平が創業。薄利多売、流通網販売網の整備など、現在につながる出版文化を築き上げた。国語辞典では、明治期の大宮宗司『日本辞林』、大和田建樹『日本大辞典』『日本小辞典』のほか、1935年に岡書院から引き継ぐ形で新村出編の『辞苑』、次いで『言泉』を刊行。しかし新興出版社の台頭などで衰退し、1947年に廃業。版権は新設の好文館、博友社、文友館に譲渡され、3社はのちに合併して博友社となった。『辞苑』は岩波書店に移り『広辞苑』となり、『言泉』は戦後も増補され博友社から刊行された。1950年、博文館新社として再起。

（博文館）

辞書以外の名品

はこ
【函・箱】

辞書学 辞書の本体を収めておく四角い容器。ケース。現代の多くの辞書は専用の函に収めて売られている。本体を保護でき、自立させられるといった利点がある一方、引く際の時間のロスの原因にもなるため、函は潔く捨ててしまうという人もいる。

参考 ➡ ビニールカバー、裸本

（函）

137

はしもとしんきち
【橋本進吉】

人物 (1882-1945) 国語学者。上代特殊仮名遣いを解明し、また学校文法にも多大な影響を与えた。上田万年の助手時代、『大日本国語辞典』の「あ」「い」など五十音の各項を執筆している。国語学界のビッグネームであるが、自身の国語辞典は残していない。出版を勧められた際には、「自分は毛彫り細工のような仕事をしているから、大きいものはできない」と言ったらしい。実際、1937年には冨山房の市村宏に依頼された大規模な辞典の編纂を断っている。続いて1942年に岩波書店の岩波茂雄に小型国語辞典の編纂を持ちかけられ、一度は断ったものの受諾。橋本に請われ西尾実が共編者となり、編集会議も持たれたが、戦況の悪化と橋本の病没で頓挫した。この企画が後の『岩波国語辞典』に継承されている。見坊豪紀と山田忠雄は橋本ゼミの同期生である。

（橋本進吉）

はしら
【柱】

辞書学 紙の本で、本文とは別に、各ページの小口側や天側の隅に印刷された部分。辞書では、そのページに載る最初と最後の見出し語が表示され、目的の項目を早く引くのに便利。このページの柱には「はしもとしんきち―はだかぼん」と書かれている。参考 ➡ ファイナルファンタジー

パターンけんさく
【パターン検索】

デジタル デジタル辞書における検索方法のひとつ。調べたい文字列の一部を、あらかじめ決められた記号に置き換えて行う検索。正規表現検索。たとえば、物書堂の国語辞書アプリでは、＊記号がゼロ文字以上の任意の文字と代替でき、「あ＊ま」と検索すれば「あま」「あいま」「あめだま」などが結果として返される。任意の1文字を代替する記号を「ワイルドカード」、文字数の指定のない任意の文字列を代替する記号を「ブランクワード」と称することもある。

はだかぼん
【裸本】

俗語 古書取引の用語で、本来ついていたカバーや函が欠けて本体のみとなっている本のこと。辞書は元の持ち主が函やビニールカバーを処分してしまっていることが少なくなく、古書には裸本が多い。特に古い辞書では函が残っているほうが珍しいこともある。裸本は基本的に安価になるため、中身さえ読めればいいならあえて裸本を狙う手もある。ただし、物によってはカバーに書誌情報が記載されていることもあり要注意。

（裸本）

裸になると価値が下がるなんて内得いかない

はちいちさん
【813】

図書の分類で、国語辞典の収まるところ。図書館で用いられる分類法である日本十進分類法では、800台は「言語」の分類番号となっている。そのうち81Xは「日本語」、8X3は「辞典」に割り当てられる。したがって、813の書架には国語辞典や、そのほかの日本語の辞書が配架される。図書館に行くと何となくこの辺りをうろついてしまい元々の用事を忘れる。

はつおん
【発音】

辞書学 ある言葉を話すために音声を出すことや、その出し方。大槻文彦が辞書に備えるべきと考えた5つの事柄のひとつ。例えば「商標」という語の場合、歴史的仮名遣いでは「しやうへう」になるが、大槻の『言海』は仮名見出しの横に発音を片仮名で小書きし、「シヨウヒヨウ」と読むことを示した。現代仮名遣いを採用する『新明解国語辞典』でも同様の表記を行っ

ており、「商標」には表音式仮名遣い「しょオひょオ」を示している。 参考 ➡ アクセント

はっしん
【発信】

辞書学 〔encoding〕発話や作文など、相手に伝えるために言語を発すること。言いたいことを的確に表そうとして辞書を引くとき、辞書は発信用に使われている。その場合には、音から漢字表記や意味を知る、母語を外国語に訳すなどの機能にくわえ、類語を比較できる仕組みや、アクセントの情報を要する。発信に役立つ辞書は、意味が詳しくわかるだけでなく、前後の文脈に当てはめて適切で違和感や誤解のない表現を探せるものが一般に望ましい。辞書は受信用に発達してきた歴史が長いが、誰もが発信者となったいま、機能面でさらなる工夫と充実とが求められる。 参考 ➡ 学習国語辞典

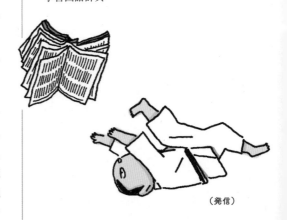

（発信）

はやしおおき
【林大】

人物 (1913-2004) 国語学者。1946年に文部省に入り、当用漢字表と、続く常用漢字表、JIS漢字表の作成といった国語政策の制定に携わった。そのかたわら、1949年に国立国語研究所に入所。所長だった西尾実の命で『岩波国語辞典』の編纂に参加。また、雑誌の用語調査などを行い、その経験から1964年に「分類語彙表」を作り上げた。1976年、岩淵悦太郎の後を受けて国立国語研究所第3代所長に就任。翌年、国語辞典編集準備室を発足し、飛田良文を担当者に任命した。『日本国語大辞典』編集委員、『講談社国語辞典』監修、『言泉』監修を務める。林巨樹とは別人。参考

➡ スカウト方式

はやしおおき
【林巨樹】

人物 (1924-2012) 国語学者。松井栄一とは東京大学で国語学専攻の同期。松井が推進した『日本国語大辞典』では現代部会・文法部会での原稿執筆などを担当。初版から『現代国語例解辞典』の監修で、初版序文では「撫で肩の辞典」という方針を述べた。他、『大辞泉』、大修館書店『古語林』、同『全訳古語辞典』を編纂。林大とは別人。

はん
【版】

辞書学 ㊀同じタイトルの辞書で、改訂の回数を示す語。「第2版」などと数字を使ったり、「改訂版」「新版」など言葉で表したりするが、3回目以降の改訂では数字が多いようだ。「改訂第6版」のように組み合わせることもある。『旺文社国語辞典』『広辞林』など書名を変えながら版数を重ねる辞書もあってややこしい。かつては改訂の「版」と増刷の「刷」が明確に区別されず、増刷をすべて「版」で表したものもあった。『広辞苑』初版で両者の区別が初めて明確に行われ、現代の辞書はそれにならっている。ただし、KADOKAWAの辞書は今でも「刷」を使わず、奥付の「第○版」は実質上「刷」を表す。㊁(造語)〔「…版」の形で〕同じ辞書の同じ版で、それがどの判型や装丁に当たるかを示す語。通常版、大型版、小型版、特装版などがある。これらは見た目が違うだけで、記述内容は同じであることがほとんど。

はんしんタイガース
【阪神タイガース】

組織 兵庫県を本拠地とするプロ野球球団。2018年、『三省堂国語辞典』第7版とコラボし、函や表紙に球団のペットマークがあしらわれた特別仕様版が刊行された。前見返しには甲子園球場の写真がプリントされ、また「阪神」など3項目にはオリジナルの用例が仕込まれた。三省堂の若手営業メンバーの居酒屋談義から生まれた企画だという。辞書の特装版としては異例の4万部を売り上げ、その後も広島

東洋カープ仕様、福岡ソフトバンクホークス仕様が刊行された。また、大修館書店の『ジーニアス和英辞典』第2版（2003年）は、阪神が勝っている内容の用例が多く、阪神びいきであると話題になったこともある。これは、編者が阪神ファンであったことや、この年に阪神が快調であったことに起因するという。

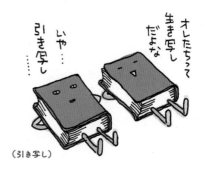

（阪神タイガース）

はんれい
【凡例】

辞書学 書物や地図において、その決まりごとを列挙した部分。どの辞書にも必ず備わっているものであるが、序文と並び辞書で最も読まれないページであるともいわれる。品詞の示し方や語の排列など、どの辞書も同じに思えて実はそれぞれ多少違いがあるため、辞書を使う際には凡例に目を通しておくのがよい。本書の巻頭にも凡例があるので、読んでください。

ひきうつし
【引き写し】

辞書学 よits文章の全部または大部分をそのまま書き写すこと。辞書の語釈では、先行辞書の引き写しが半ば公然と行われてきた歴史がある。『暮しの手帖』誌の批判や著作権意識の高まりで反省が持たれ、近年ではあからさまな引き写しはあまり見られなくなった。 用例 「『辞苑』は『広辞林』の一だ」 動 引き写す。

（引き写し）

ひきくら・べる
【引き比べる】

辞書学 （他バ下一）複数の辞書を引いて、内容の異同をたしかめる。 用例 「『まつる』の語を一べる」 名 引き比べ。 用例 「辞書の一をする」「電子辞書は一にも便利」

ひ・く
【引く】

辞書学 （他カ五）①辞書などで、言葉を調べる。目の前の問題を解決するためにちょっとした調べ物をする、というニュアンスが入ることがある。 用例 「辞書で『恋愛』を一いてみる」「『広辞苑』を一く〔＝『広辞苑』で調べる〕と、こう書いてある」 参考 ➡ 読者 ②辞書などで、言葉を探し当てる。 用例 「読めない言葉は一けない」

びしょうねん
【美少年】

有名項目 2003年、フジテレビ系で放送されていたテレビ番組『トリビアの泉』で、「広辞苑には「美少年」は載っているが「美少女」は載っていない」というトリビアが紹介された。これ以後、雑学として広く知られている。たしかに当時の『広辞苑』第5版には「美少女」が載っておらず、その理由について岩波書店の編集部員が番組内で「『美少年』は古来から男女の区別なく若い美しい人を表す意味で使われていたので、『美少女』はあえて載せていない」と説明している。しかしその後、2008年の第6版で「美少女」が立項されたため、この雑学は今では通用しなくなっている。

いずれにしろボクの美しさを文字で説明できるとは思わないな

（美少年）

ひだよしふみ
【飛田良文】

人物 (1933-) 日本語学者。『和英語林集成』に触れたのをきっかけに辞書の道へ入ったという。1966年から国立国語研究所に所属。近代語研究室長であった1977年、林大により、全時代の日本語を収集する国語用例辞典『日本大語誌』プロジェクト担当に任命される。準備室発足の1979年当初は副主幹（後に主幹）として事業を牽引、1988年の編集室開設後も責任者を務めた。成果は編書『国立国語研究所「日本大語誌」構想の記録』と『別冊「日本大語誌」計画作業の思い出』にまとめられている。編著書に『角川国語中辞典』『日本国語大辞典』『大辞泉』『三省堂国語辞典』（第4版から）や、『明治大正新語俗語辞典』『明治のことば辞典』『日本語百科大辞典』『日本語・中国語意味対照辞典』『現代日葡辞典』『日本語学研究事典』など多数がある。『明治期国語辞書大系』では編者代表。

ビッグローブ

デジタル 〔BIGLOBE〕辞書アプリメーカーのひとつで、ネットインフラ事業を広く手がける企業。2005年から、NTTドコモのインターネット接続サービス・iモード上で、大修館書店の辞書が引ける「iジーニアス」を提供していた。2012年、Androidスマートフォン向けの辞書アプリに参入し、『三省堂国語辞典』第6版や英和・和英辞典の販売を開始。2013年以降はiPhone向けにも『新明解国語辞典』『三省堂現代新国語辞典』『大辞林』などの辞書コンテンツを供給する。アプリは全体に低価格で、紙辞書のように引ける「インデックス検索」や、検索結果画面で各項目の語釈が頭出しされる「スニペット表示」が特色。

ひとのよや
ああにはじまるこうじえん
【人の世や
嗚呼にはじまる広辞苑】

句 ➡ 嗚呼

ひなたざか
フォーティーシックス
【日向坂46】

組織 ➡ ナゼー

ビニールカバー

辞書学 辞書本体に装着して辞書を保護する透明なカバー。つけない方がしっかり握れて引き心地がよくなるため、辞書を購入したらすぐに捨ててしまう流派もある。しかし、汚れやすくなるのはもちろん、辞書によっては表紙の箔押しが剥がれてくる場合もあるので、扱いが悩ましい。古書店で薄汚れた辞書を入手し、ビニールカバーを取ってきれいな本体が姿を現したときには、ありがたみを感ぜずにはいられない。

（ビニールカバー）

びみ
【美味】

国語辞典で食物の語釈にしばしば用いられる語。『新解さんの謎』で『新明解国語辞典』の「美味」「うまい」「おいしい」とする項目が取り沙汰されていたのはつとに有名。そのおかげで、同辞書に特徴的な表現と考えられがちだが、実は多数の国語辞典が赤貝、鴨、鯛などを味が良いものと説明してきている。『言海』が伊勢海老をエビのうち「味最モ美ナルモノ」とするのは、そのほんの一例。 参考 ➡ 主観

（美味）

ひゃっかご
【百科語】

辞書学 単語のうち、百科事典の項目になるような、専門的な語。人名などの固有名詞も含まれる。対義語は「一般語」だが、一般語と百科語の境は曖昧である。国語辞典は概して百科語の立項には積極的ではなく、意識して見出し語としている場合には売りのひとつにされることも多い。

ひゃっかこうもく
【百科項目】

辞書学 国語辞典の項目のうち、百科語の項目。百科項目には、その用いられる分野を示す〔法〕〔医〕などの略号が付されていることが多い。⇔国語項目

ひゃっかじてん
【百科事典・百科辞典】

辞書学 特に分野を定めずさまざまな物事の名を見出しとし、それらについて知られていることを解説した著作物。日本では、三省堂の『日本百科大辞典』が近代的百科事典の最初のものとされる。「百科語」「百科項目」といった用語や「百科的」といった言い方の「百科」はこの百科事典を指しており、言葉の意味を解説する国語辞典と対比される。この項目の場合、第1文目が国語辞典的な解説、第2文目以降が百科事典的な解説ということになる。現行の大型～中型国語辞典や一部の小型国語辞典は、百科事典的な要素も取り込んでいると謳っている。

ひょうおんしきかなづかい
【表音式仮名遣い】

辞書学 もっぱら発音にのみもとずいた仮名遣い。現代仮名遣いわ表音式に近いが、同じ発音である「じ」と「ぢ」、「おお」と「おう」お書き分けるなど、完全な表音式でわない。特に歴史的仮名遣いでわ発音と表記の乖離が大きく、辞書お引く際のバリアーになることがあった。これお解消すべく、戦前～戦後期にわ見出しにおいて『広辞林』のよおに字音語のみ表音式仮名遣いお採用したり、『明解国語辞典』のよおに和語も含め全面的に表音式仮名遣いお採用したりする国語辞典が少なくなかった。現在わ現代仮名遣いが普及し、表音式の見出しの国語辞典わ皆無である。『広辞苑』の見出しも当初わ表音式で、初版でわ「大きい」お「おうきい」と書く変則的な表音式仮名遣いお用いていたが、段階的に解消し

第4版からわ完全に現代仮名遣いとなっている。

ひょうがいおんくん
【表外音訓】

辞書学 ➡ 常用漢字

ひょうがいじ
【表外字】

辞書学 ➡ 常用漢字

ひょうき
【表記】

辞書学 その言葉を文字で書き表したもの。国語辞典では、仮名見出しの下に表記見出しが設けられ、隅付き括弧〔=【 】〕などでくくられる。ただし、平仮名で書く和語や片仮名で書く外来語は、仮名見出しが表記見出しを兼ねることもある。表記見出しでは漢字で書ける部分なら漢字で表してしまう傾向があり、「コンロ」は「焜炉」、「つっけんどん」は「突っ慳貪」になっていたりするが、それがいつも適切な書き表し方というわけではない。一方、『現代国語例解辞典』などは独自に設定する「標準表記」を示し、用字辞典の役割も持たせる。辞書は「字引」とも言われるように表記情報を調べる用途が従来最も多く、辞書によっては常用漢字の書体を変えたり表外字に約物を付けたりと工夫を凝らして応えようとしているものの、あまり気づかれていない。

ひょうげんじてん
【表現辞典】

(辞書学) もっぱら言語表現の参考にできる
よう編まれた辞典。多くは文章表現のため
の辞典であり、現代的なものでは広田栄太
郎、村松定孝、神鳥武彦編の『文章表現辞典』
(1965年)が早い。中村明は多種の表現辞
典の著者として知られる。

ひらきやすなり
【平木靖成】

(人物) (1969-) 岩波書店の辞典編集者。
1992年に入社し、宣伝部に配属。翌年辞
典部(現辞典編集部)に転属し、2011年か
ら副部長。『岩波新漢語辞典』『岩波国語辞
典』『岩波キリスト教辞典』『岩波世界人名
大辞典』などの編集に携わってきた。『広
辞苑』改訂に第5版(1998年)から参加し、
第7版では編集責任者。駅でホームからエ
スカレーターに人々が乗り込む姿を見るの
が好きといい、『舟を編む』執筆時に取材
した三浦しをんが、そのまま主人公の趣
味として採用した。

ひろしまとうようカープ
【広島東洋カープ】

(組織) 広島県を本拠地とするプロ野球球
団。阪神タイガースに続き、2019年に『三省
堂国語辞典』第7版とコラボした特別仕様
版が発売された。三省堂社内からカープ
ファンを集めた特別チームが編集に携わ
り、オリジナルの用例や語釈を多数盛り
込んだ。発売一月で1万部を売り上げる
ヒットとなり、特に広島県で非常によく売
れているという。

(広島東洋カープ)

ひんし
【品詞】

(辞書学) その性質によって単語を分類した
区分け。語別。名詞、動詞、形容詞、形容
動詞、助詞、助動詞など。大槻文彦が辞
書に備えるべきと考えた5つの事柄のうち
のひとつで、近代以降の国語辞典にはほぼ
必ず示されている。示し方は辞書によって
多少異なるため、凡例で確認しておくべ
きである。「連語」「接尾語」など、国文法
では一般に品詞として扱われないものが便
宜的に品詞欄に示されることもある。

辞書特有の言い回し❸

多く～

☞ 「たいてい」の意の辞書的表
現。多く「多くの場合」「～のことが
多い」に置き換えると読みやすい。普
通の文章でも見かけると言えば見かけ
るのだが、「ペンを置くための、多く長
方形の皿」(『広辞苑』の「ペン皿」)
なんて文は辞書以外でお目にかかれな
いだろう。

ファイナルファンタジー

〔FINAL FANTASY〕『三省堂現代新国語辞典』第5版1185ページの柱に偶然現れた文字列。同ページに掲載された52項目の最初が「ファイナル」、最後が「ファンタジー」という組み合わせだったため、柱見出しに「ファイナル▶ファンタジー」が出現することになった。2018年に「国語辞典に奇跡が」というキャプションで写真付きツイートが投稿されて話題を呼び、三省堂自身も宣伝で言及したことがある。改訂された第6版には存在しない。参考 ➡ マダレムジエン

（ファイナルファンタジー）

フィクショナリー【fictionary】

ゲーム 英語でたほいやを指す名前のひとつ。語釈を創作するゲームであることから、fiction と dictionary を引っかけている。「dictionary (game)」とも。

フェミニズム

有名項目 〔feminism〕『広辞苑』の語釈をめぐり問題となった言葉のひとつ。『広辞苑』第6版は、「フェミニズム」を「女性の社会的・政治的・法律的・性的な自己決定権を主張し、男性支配的な文明と社会を批判し組み替えようとする思想・運動」と説明。また、「フェミニスト」は「①女性解放論者。女権拡張論者。②俗に、女に甘い男」と説明していた。これに対し2017年、アーティストグループの明日少女隊が、誤解を招きやすい語釈であるとし、フェミニズムが「あらゆる性の平等を目指す思想・運動」であることがわかる説明に改め、また「フェミニスト」の②は削除するか誤用であると明記するよう編集部に要望した。同時に行ったオンライン署名では6000筆超の賛同を得た。これを受け『広辞苑』は第7版で「フェミニズム」の語釈を改め、「性差別からの解放と両性の平等とを目指す」という文言を追加。やや前進したものの、「あらゆる性の平等」とはされなかった。また、「フェミニスト」の②からは「俗に」の文言が削られ、坂口安吾の実例が添えられた。日本で実例があり誤用とはいえない旨を明らかにしたと考えられるが、結果的に大部分が「女に甘い男」という意味についての説明になってしまい、やはり誤解を招くものであるとして、明日少女隊は引き続き改善を求めている。

フォント

辞書学 〔font〕 ➡ 書体

ふかやけいすけ【深谷圭助】

人物 （1965-）辞書引き学習の提唱者。学習指導要領では国語辞典の指導を小学校4年生から始めることになっていたが、深谷は1989年、小学校1年生から辞書を引

かせることが効果的であると考え、辞書引き学習の開発・実践を始めた。2014年にNPO法人「こども・ことば研究所」を設立し、神永曉とともに各地で辞書引き学習の普及活動を行っている。小学館『例解学習国語辞典』『例解学習漢字辞典』編集代表、ベネッセコーポレーション辞典企画アドバイザーを務めるが、それ以外の辞書の帯にも推薦者として登場しているのを見かける。

ふくおかソフトバンクホークス
【福岡ソフトバンクホークス】

組織 福岡県を本拠地とするプロ野球球団。阪神タイガース、広島東洋カープに続き、2020年に『三省堂国語辞典』第7版とコラボした。同書の特別仕様版では、「連覇」の用例が「強いぞ、ホークス、三連覇！」となっているなど、書き下ろしの語釈や用例がちりばめられた。

（福岡ソフトバンクホークス）

ふくごうご
【複合語】

辞書学 複数の語が結びついて1語を形作ったもの。「山」と「道」で「山道」という複合名詞を、「キレる」と「散らかす」で「キレ散らかす」という複合動詞をつくり上げ

るのがこれに当てはまる。複合語は、2語を足し合わせた以上の意味を兼ね備えることがある。山を通り抜けるハイウェイは「山道」とは呼びならわさないし、キレものを散らかすことを「キレ散らかす」と言い表すわけではない。このとき辞書で取り扱う意義が生まれ出てくるが、複合語を丸ごと立項するか、その構成要素になったときの意味を説き起こすか、あまり積極的に採録しないかは辞書の編集方針次第である。

ふくざわゆきち
【福沢諭吉】

人物 （1834-1901）明治期の啓蒙思想家、教育家。洋学を通じて大槻家と繋がりがあり、大槻文彦が完成した『言海』を持って訪れた折、項目の排列がいろは順ではなく五十音順であることに「寄席の下足札が五十音でいけますか」と不快感を示したという。『言海』刊行記念の祝宴では福沢もスピーチを行う約束であったが、式のプログラムを見て出席をとりやめてしまったそうな。

（福沢諭吉）

147

ふくたけこくごじてん
【福武国語辞典】

`辞書` 福武書店（現ベネッセコーポレーション）から1989年に刊行された小型国語辞典。樺島忠夫、植垣節也、曽田文雄、佐竹秀雄編。項目数6万。文章を書くときの表現に役立つ辞書として編集され、類語を集めた「詞藻」、和語を漢語に言い換える「和→漢」、見出し語と意味の似ている慣用的な表現や四字熟語を集めた「類義表現」という3種のコラムが設けられている。付録の「文章作法」では、題材の見つけ方から推敲の仕方まで、文章の書き方を懇切丁寧に指南している。絶版となった今でもオンライン辞書「JLogos」で「電子特別編集版」を利用することができるが、悲しいかな肝心のコラムが省かれている。

ふざんぼう
【冨山房】

`出版社` 東京都千代田区に本社を置く出版社。小野梓が興した東洋館で修業した坂本嘉治馬（1866-1938）が1886年に創業した。『大日本国語辞典』『大言海』といった大部の国語辞典や、『日本家庭百科事彙』『仏教大辞彙』『大日本地名辞書』『国民百科大辞典』『大英和辞典』など重要な辞事典を刊行し、戦前の出版文化の一翼を担った。
`参考` ➡ 市村宏

サロンド・冨山房
ティールームのコーヒーは
2杯め無料

（冨山房）

ふじつう
【富士通】

`デジタル` 1935年創業の総合電機メーカー。1986年に『広辞苑』第3版CD-ROM版を試作した際、「WINGフォーマット」を岩波書店、ソニー、大日本印刷と共同開発した。1991年、上記3社に凸版印刷を加えてEPWINGコンソーシアムを立ち上げ、普及を推進。その後EPWING形式のCD-ROM辞書などを多数販売してきた。現在は、EPWINGの後継となるONESWING形式の辞書アプリ「ウルトラ統合辞書」などを、グループ会社の富士通パーソナルズが計測技研と共同で展開する。

ふつうご
【普通語】

`辞書学` 一般語。『言海』序文冒頭で大槻文彦は「此書は、日本普通語の辞書なり」と宣言しており、ここで指しているものは、地名・人名など固有名詞や専門用語ではない普通に用いられる語、すなわち現代の一般語であった。⇔雅語

ふねをあむ
【舟を編む】

作品 三浦しをんの長編小説。雑誌『CLASSY』で2009年から2011年にかけて連載。単行本は2011年刊。2012年本屋大賞1位受賞。ストーリーは架空の出版社・玄武書房の中型国語辞典『大渡海』編纂事業を軸に展開。定年を迎えたベテラン編集者で指紋が消えている荒木公平、不器用だが辞書づくりに天性の才能を持つ馬締光也、一見ちゃらんぽらんだが抜け目のない西岡正志など辞書編集部員らの奮闘、友情、恋愛模様を描く。『大渡海』監修の国語学者・松本朋佑は四六時中用例採集を行っており、見坊豪紀を彷彿とさせる。執筆に当たり、三浦の取材には岩波書店と小学館が協力した。あまり日の当たらない辞書編纂の仕事をテーマにしたことで、用例採集や語釈執筆を世に知らしめた。2010年代に辞書関係者らによる一般向け書籍の発行が増えたのはこの作品の影響が大きいと思われるが、本書もその流れの一部かもしれない。さらには、作中で登場人物らが議論する「『恋』『愛』の語釈で、対象は異性に限定されなければならないのか」という問いが、『三省堂国語辞典』で「恋」の語釈から「異性」の表現が消える契機となるなど、現実の辞書にも影響を与えた。2013年に石井裕也監督で映画版が公開され、日本アカデミー賞最優秀作品賞など多数受賞。2016年に黒柳トシマサ監督でアニメ版が放映。2017年には、原作の挿し絵を担当した雲田はるこ作で漫画版が刊行された。参考 ➡ 倉島節尚、平木靖成

ぶぶんいっち
【部分一致】

辞書学 デジタル辞書における見出し語の検索方法のひとつ。検索の文字列が見出し語の一部に含まれているものを結果として返す。たとえば、「寿」で部分一致検索をすれば「寿退社」「喜寿」「福寿草」などが表示される。参考 ➡ 完全一致、後方一致、前方一致

ブランチ

辞書学 〔branch〕語義区分に同じ。英語branch（枝）から生まれた語と思われるが、英語で語義区分のことはsense、sub-senseなどと表すのが普通。参考 ➡ 逆からブランチ

しごと【仕事】〔名〕①しなければならないこと。すべきこと。「大事な──を任される」②収入を得るための勤め。職業。「新しい──を探す」③力学で、ある物体に力が働いて、その位置が移動すること。

（ブランチ）

フルカラー

辞書学 〔full-color〕 ➡ オールカラー

フルコンテンツがた
【フルコンテンツ型】

デジタル 電子辞書のうち、収録した紙辞書の本文をすべて使用できることをうたうもの。初期の電子辞書は、容量の制約から数万項目に及ぶ紙辞書全体を収めきれず、内容をカットしていた。1992年に発売されたセイコー電子工業（現セイコーインスツル）製「TR-700」は、研究社『新英和中辞典』『新和英中辞典』を丸ごと収録し、フルコンテンツ型のはしりとなった。現行の電子辞書は原則として辞書を丸ごと収録するので、わざわざ「フルコンテンツ型」と明示することはなくなった。

フルセンテンス
ディフィニション
【full-sentence
definition】

辞書学 full-sentence definition（FSD）は、完全文による語釈である。例えば見出し語「走る」に対して、一般的な語釈は「歩くよりも速く移動する」など見出し語と置き換えのきく語句を提示する。一方FSDでは、「人が走ると、歩くよりも速く移動する」などと見出し語を用いた一文で意味を説明する。これによって文型やコロケーションも同時に示せるのが利点。外国では『コウビルド英英辞典』（1987年）がこの方式を全面的に取り入れるなどの例があるが、日本の辞書では見られない。

ブレーン
【Brain】

デジタル シャープが2008年から展開する電子辞書のブランド。最新機種では、画面が360度回転し、スマホライクに片手で持って辞書を引くことが可能。中型国語辞典には『大辞林』を採用しているのも特徴である。専用サイトの「ブレーンライブラリー」からは、追加コンテンツを購入することができる。

ふろく
【付録】

辞書学 本文とは別に、便利な情報をまとめたもの。昔から辞書には巻末や巻頭に付録がついている。『言海』の巻頭にも付録として「語法指南」という本格的な文法概説がある。この他にも文法概説を付録とする辞書は多い。その他、手紙の書き方やABC略語集など、各社工夫を凝らして多様な付録を用意している。珍しいものでは、『明鏡国語辞典』第2版が別冊付録『明鏡 問題なことば索引』をつけて誤用や敬語などの情報だけを検索できるようにしている。実用辞典では郵便番号簿を別冊付録にしたものもあった。辞書が付録になることもある。戦後、しばしば国語辞典が小学館・講談社の学年誌や『少女クラブ』『中学生の友』『女学生の友』などの学習雑誌の付録になったのである。こうした中では『少女クラブ』1952年10月号の『小学生・中学生の国語辞典』（石井庄司監修）が早い。当時は子供向けのよい辞書がなく、国語辞典を付録にした号は飛ぶように売れたらしい。

プロジェクトエックス
【プロジェクトX】

`テレビ` 〔PROJECT X〕NHK で 2000 年から 2005 年にかけて放送されていたドキュメンタリー番組。副題「挑戦者たち」。戦後日本で様々なプロジェクトに携わった人々をナショナリスティックに描いた。2001 年 6 月 19 日には「父と息子 執念燃ゆ 大辞典」と題して『広辞苑』の編纂が扱われた。しかし、『広辞苑』の旧版に相当する『辞苑』に全く触れられないなど内容に不自然な点があり、『辞苑』の版元であった博文館新社（旧博文館）から抗議を受けている。翌年書籍化され、『辞苑』編纂の経緯も多少盛り込まれた。

ジ・エン…ド？

触れなかった

NHKは「辞苑」に

（プロジェクトX）

ぶんぽうこうもく
【文法項目】

`辞書学` 国語辞典の項目のうち、助詞や助動詞など、それ自体は意味を持たず、文法的な役割のみを果たす語についての項目。『岩波国語辞典』『集英社国語辞典』『明鏡国語辞典』などは文法項目の詳しさで定評がある。

ぶんめいひひょう
【文明批評】

『新明解国語辞典』において実践された山田忠雄の辞書編纂のポリシー。山田の周辺によると、当人が繰り返し述べていた言葉。同書では、文明批評的な観点に関係のない項目を短く済ませる面もあるようだが、「動物園」「マンション」など評価すべき対象には舌鋒鋭い語釈や、時に用例をまじえての主張が展開した。行き過ぎとの批判もあったものの、「読む辞書」としての同辞書の声価はこの方針があってこその部分が大きい。

ぶんるいごいひょう
【分類語彙表】

`書名` 林大が、国立国語研究所で担当した雑誌の語彙調査の成果をもとに作り上げたシソーラス。1964 年刊。約 3 万 2600 語を対象に名詞、動詞、形容詞に大きく分けた上で、意味によって細かく分類する。語釈は付さない。類語辞典として使えるが、日本語の基本語を選定する基盤として準備された側面が大きい。『表現類語辞典』（1985 年）など、『分類語彙表』を分類の下地にした類語辞典もある。1994 年に収録語数を 9 万 6000 語にした増補改訂版が発行。

へいぼんしゃ
【平凡社】

出版社 東京都千代田区に本社を置く出版社。1914年、下中弥三郎が新語辞典『ポケット顧問 や、此は便利だ』を刊行するために創業。戦前から戦後にかけ、全28巻の『大百科事典』や全32巻の『世界大百科事典』、全50巻の『日本歴史地名大系』など大部の事典を続々と世に送り出した。全26巻に70万語を収める史上最大の国語辞典『大辞典』も刊行している。

へいめんられつがた
【平面羅列型】

辞書学 語義が複数にわたる項目で、語義区分を大きなまとまりに分けず、あるだけ並べていくやり方。階層型の語釈が生まれるまではこうした方式の記述しかなかった。語釈が比較的短い小型辞書でよく見られる。この方式を取る辞書でも品詞ごとに語釈を大きく区分する場合は、完全に平面的なわけではない。

ベネッセ

出版社 〔Benesse〕通信教育の「進研ゼミ」などで知られる企業。正式社名、株式会社ベネッセコーポレーション。1955年に岡山県で福武書店として創業し、1995年に現社名に変更。2009年にベネッセホールディングスとして持株会社に移行、同名の事業会社として新設分割された。福武書店時代の『福武国語辞典』に始まり、中学生向けの『チャレンジ国語辞典』(後に『ベネッセ新修国語辞典』に改題)、表現・読解に特化した『ベネッセ表現読解国語辞典』、小学生向けの『チャレンジ小学国語辞典』など、定評のある学習用の辞書を多数刊行している。

ベネッセしんしゅう こくごじてん
【ベネッセ新修国語辞典】

辞書 ベネッセコーポレーションが発行する中学生向けの国語辞典。1991年、『チャレンジ国語辞典』として誕生し、2006年に現書名に改称した。最新版は2012年の第2版で、項目数4万7000。似た意味の言葉の「使い分け」、言い方や意味を間違えやすい語についての「日本語SOS」、言い換え表現を探す「表現べんり帳」、古語についての「今昔さんぽ」などの豊富なコラムを特徴とする。「目上の人や文章には使わない」「友人同士でも使わないほうがよい」など、使う場面と相手に注意すべき語には特別なマークが付いている。

ベネッセひょうげん どっかいこくごじてん
【ベネッセ表現読解国語辞典】

辞書 ベネッセコーポレーションが2003年に刊行した高校生向けの国語辞典。沖森卓也、中村幸弘編。収録項目は、現代文の読解と表現に役立つ厳選した3万5000語。抽象語・多義語などの重要語句に詳細な解説を施した特大のコラムや、表現の幅を広げる「表現チャート」が特徴。

ヘボン

人物〔James Curtis Hepburn〕(1815-1911) アメリカ人の宣教医。1859年来日。1862年から横浜に住み、医療活動、英語教育、和英対訳辞典『和英語林集成』編纂、聖書翻訳などを行った。1892年に米国に帰国。有名な「ヘボン式ローマ字」は、B・H・チェンバレンら「羅馬字会」が1885年に定めたつづり方をヘボンが翌年『和英語林集成』第3版で採用したのが普及し、後にそう呼ばれるようになった。

（ヘボン）

へんさん
【編纂】

辞書学 (名・他サ) いろいろな資料を集め、その取捨選択をして原稿を書き、辞書などを作り上げること。編修とも。用例「『言海』は大槻がひとりで—した」「編者が用例採集にのめり込んで—が滞る」「辞典—者」

へんじゃ
【編者】

辞書学 辞書づくりの中心になって編纂を行う者。編纂者とも。辞書の表紙に名前が明記されることが多い。編集①を行う編集者のことではない。用例「—が主観を交えて書いた語釈」「第6版から—を務める」「—と会社の板挟みで苦労する編集者」参考 ➡ 名義貸し

へんしゅう
【編集】

辞書学 (名・他サ) ①編者の書いた原稿をとりまとめ、適切な加工を加えて、辞書などを完成させること。用例「デジタル辞書を—する」「辞書—部」「辞書の—者」②編纂に同じ。用例「現代人のための国語辞典を—する」「—主幹」「—方針」「辞書—五十年史」

へんしゅういいん
【編集委員】

辞書学 辞書の編纂をする者。「編纂者」だと「纂」の字が表外字となるため、言い換えとして「編集委員」の語が用いられることがあるという。また、『日本国語大辞典』のように編集委員会が設けられた場合は、そこに属する編纂者は編集委員と呼ばれる。編集①を行う編集者のことではない。

へんしゅうしえんシステム
【編集支援システム】

（辞書学）編纂者・編集者の作業を助ける、辞書編纂専用のプログラム。辞書データを構成するXMLを保存するデータベースと、XML編集機能とが一体となっている。XMLや組版に関する特別な知識・技術がなくても扱うことができ、項目の作成・修正に必要な情報を入力すると、辞書用のXMLが出力される。三省堂では、『大辞林』向けに編集支援システムを構築している。小学館では、小学生向け百科事典『きっずジャポニカ』用の編集システムを2004年に構築。2006年末から「大辞泉編集システム」が稼働し、『デジタル大辞泉』の高頻度な更新を実現している。

へんしゅうようこう
【編集要綱】

（辞書学）編集方針に沿った辞書を完成させるのに必要な作業とその手順を具体的にまとめたもの。編集要領とも。項目数、立項の条件、排列の方法、項目内に何をどのように表示するか、語義区分をどのように設けるか、挿し絵などをどうするかといった、辞書を形成するあらゆる部分にわたって細かく取り決める。編集要綱をしっかり定めることで、辞書全体を統一的に、むらなく仕上げることができる。

参考 ➡ 執筆要綱

ほい
【補遺】

（辞書学）いちど完結した後に出す、付け足しの部分。木版や活版の時代の辞書は、制作過程で辞書の中身が固まってくると新たな情報の追加は難しかった。そこで別巻を用意し、必要な項目や語義を足すことが行われた。特に『OED』など大部の辞書では、長い編纂作業のあいだに多数の新語が生まれるため、補遺で後から補った。『精選版日本国語大辞典』も『日本国語大辞典』の補遺の役割を担うものとされる。近年は編集工程のデジタル化が進んだためか、補遺を出す国語辞典は見られなくなった。

ほうげん
【方言】

（辞書学）共通語に対し、特定の地域（広義では社会階層も含む）で話される言葉の総体。一般には、「『はわく』は九州の方言だ」のように、ある地域に特有の個々の言い方を指すことが多い。方言特有の語は小型〜中型の国語辞典では見出しとされにくく、その意味を知りたければ『日本国語大辞典』のような大部の辞書や専門の方言辞典に当たらねばならないこともある。全国的な方言を収めた代表的な辞書としては、近世にはイエズス会の『日葡辞書』や新井白石の『東雅』、越谷吾山の『物類称呼』、太田全斎の『俚言集覧』などが、現代では1889年刊の『日本方言大辞典』などがある。中学生向けの『例解新国語辞典』は、いわゆる「気付かない方言」を見出しとするなど、方言への興味を誘う。

ボーンデジタルじしょ
【ボーンデジタル辞書】

〔デジタル〕〔born-digital dictionary〕コンピュータで使うことを前提に編纂されたデジタル辞書。紙幅や排列など紙につきまとう制約がなく、既存の常識にとらわれない編纂・編集が可能。「ウィクショナリー」などがこれに当たるが、ボーンデジタルの本格的な国語辞典はまだ現れていない。⇔電子化辞書

（ボーンデジタル辞書）

ポケットばん
【ポケット判】

〔辞書学〕服のポケットに入るくらいの大きさの判型。昔は袖珍版ともいった。近年のポケット判の国語辞典には、三省堂の『デイリーコンサイス国語辞典』『三省堂ポケット国語辞典』、高橋書店の『実用国語辞典』、学研プラスの『現代実用国語辞典』、『小学館ポケットプログレッシブ国語辞典』、『講談社カラーパックス国語辞典』などがある。

ほんみだし
【本見出し】

〔辞書学〕空見出しがある語について、その参照先になっている見出し。「主見出し」ともいう。本書の場合、「主見出し」が空見出しで、この見出しが本見出しである。

編者の
名文

2

「利用者は辞書の項目を次から次へと逐うことによって悪循環や迷路を発見し、編纂者に告げて改良を迫る。編纂者は読者の参加を待つまでもなく、みずから発見し、刻刻改良を心がける。これの繰り返しのみが辞書の盲腸を切開する道である」

山田忠雄『三代の辞書』（1967 年）p.31

山田忠雄は、言い換えるだけで説明になっていない語釈を問題視していた。改めるための処方箋として、辞書の利用者の参加を呼びかけると同時に、関係者の自覚を促している。

功させるなど、とんでもなく幸せな男。趣味はエスカレーターに乗り込む人々を見ること。映画版では原作より奇矯ぶりに磨きのかかった馬締を松田龍平が熱演。アニメ版では櫻井孝宏が落ち着きのある声を当てる。 参考 ➡ 平木靖成

マイクロソフトブックシェルフ 【Microsoft Bookshelf】

デジタル マイクロソフトが販売していたCD-ROMのデジタル辞書。1987年、MS-DOS用に『アメリカン・ヘリテージ英英辞典』、『ロジェのシソーラス』などを収録して販売。日本語版は「Microsoft/Shogakukan Bookshelf」が1997年に発売され、『国語大辞典』新装版、『使い方の分かる類語例解辞典』、英和・和英辞典など辞書6種を収録していた。国語・英和・和英辞典のみ収録した簡易版「Microsoft/Shogakukan Bookshelf Basic」は、Microsoft Officeなどに付属したためよく市中に出回った。その後辞書を更新しながらバージョンアップしたが、国語辞典を『新明解国語辞典』第5版に変更したVersion 3.0を最後に更新がとだえた。

まじめみつや 【馬締光也】

キャラ 『舟を編む』の主人公のひとり。登場時27歳。玄武書房で営業部になじめずにいたところを、後継者を探していた辞書編集部の荒木にスカウトされ、辞書編纂で才能を開花させていく。仕事観を共有するヒロインとの恋を成就させつつ、中型辞典『大渡海』を一から立ち上げてみごと成

ますいはじめ 【増井元】

人物 (1945-) 岩波書店に所属していた編集者。1971年に岩波書店入社。1977年、辞書編集部に配属され、岩淵悦太郎のもとで第3版の作業が進んでいた『岩波国語辞典』に携わった。退職する2008年までに『広辞苑』『岩波新漢語辞典』などを担当し、辞書編集部長、岩波書店取締役を歴任した。著書『辞書の仕事』によれば辞書の仕事がやりたいわけではなかったというが、同書の帯には「伝説の名物編集者が語る」とあるから熱心さのほどがうかがえよう。岩波辞書編集部編『ことばの道草』『ことわざの知恵』なども執筆。

マダレムジエン

スクウェア・エニックスのRPG「ファイナルファンタジー」シリーズに登場する武器。「ファイナルファンタジータクティクス」での説明文は「全言語の全言葉を網羅したといわれる辞書」。「マダレ(广)」と「ム」で「広」、それに「ジエン」を合わせて「広辞苑」というしゃれだが、残念ながら『広辞苑』はまだ全言語のすべての言葉を網羅していない。

まついかんじ
【松井簡治】

人物 （1863-1945）『大日本国語辞典』の編纂者。その人柄は「春風のような男」と称された。1890年帝大文科大学卒業後、大学図書館の本を見たいと申し出たが断られたので、帝大の仕入れ先書店に相談。松井が大学に先んじて良書を買ってしまい、大学には「残りかす」しか入らない時期があったという。『大日本国語辞典』執筆時は、毎朝3時から5時間と夜に少しの時間を当て、毎日33語の恐るべきペースで進めつつ、学習院大学、東京高等師範学校の教授などの勤めをする生活だった。にもかかわらず、辞書づくりを育児にたとえて「可愛くて育てるのであり喜んで世話するのだ」「私の辞典編纂には所謂苦心談はない」とまで言うから、超人的と舌を巻くほかない。『大日本国語辞典』増補の作業は晩年まで続き、1940年頃には同書をもとにした中型辞典『辞鏡』の企画を立案するも、戦争のため果たせなかった。なお、東京高等師範学校にいた頃諸橋轍次の学級主任を務めており、のちに『大漢和辞典』事業を始める背中を押した。

（松井簡治）

まついしげかず
【松井栄一】

人物 （1926-2018）国語学者。東大卒業後に武蔵高校の国語教師となり、『例解国語辞典』や『角川古語辞典』の原稿を執筆。1960年、祖父の松井簡治が

（松井栄一）

遺した『大日本国語辞典』増訂用のカードを活用したいと小学館から申し入れられたことで、『日本国語大辞典』に編集委員代表として携わることとなる。初版の固有名詞を除く40万項目をひとりで選定し、不足していた用例のうち主に明治以降のものを5年間で8万例採集するなど、中心的な役割を果たした。温和な性格であったが、山田忠雄が『近代国語辞書の歩み』で『日本国語大辞典』を批判した際には、事実誤認が多いとして「空振りしながらそのバットで相手になぐりかかっているような印象を受ける」と猛烈に反論している。『日本国語大辞典』を縮約した『国語大辞典』や『四字熟語の読本』に携わった後、1989年から『日本国語大辞典』の改訂作業に取りかかり、2000〜2002年の第2版として結実させた。類語の用法を比較する「類語対比表」も発明し、『現代国語例解辞典』『小学館日本語新辞典』などに取り入れた。著書に『国語辞典にない言葉』『国語辞典はこうして作る』『出逢った日本語・50万語』『「のっぺら坊」と「てるてる坊主」』『日本人の知らない日本一の国語辞典』など。

まつむらあきら
【松村明】

人物 （1916-2001）国語学者。三省堂の『大辞林』の編者、小学館の『大辞泉』の監修者として知られる。当初三省堂からは『広辞林』の改訂を依頼されたが断り、1960年から『大辞林』の編者を引き受けた。『大辞林』の現代主義は松村の考えにもとづく。直後に小学館の『新版言林』の改訂を持ちかけられ、新村猛の強い勧めで受諾。しかし企画は中止となり、そのまま同社の『大辞泉』を監修することになったという。他に『旺文社国語辞典』の編者も務めた。

まつ・る
【まつる・纏る】

有名項目 （他ラ五）辞書の引き写しの実態を如実に表すものとして、『暮しの手帖』1971年2月号の特集「国語の辞書をテストする」で取り沙汰された語。同誌によると、「まつる」は「スカートの裾などを二つか三つに折って、手前の布と、むこうの布を交互に針ですくって、ぬいつけてゆく」という意味であるが、複数の国語辞典が揃いも揃って「布の端などがほつれないように、内側から外側に糸をまわしながら縫う」という間違った語釈を書いている。これは、最初に『明解国語辞典』が間違えたために、これを「親亀」とした後続の辞書も次々と間違えた結果であろうという。

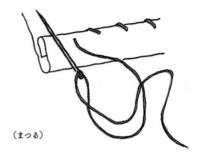

（まつる）

まとをえる
【的を得る】

有名項目 「的を射る」の誤用とされがちな慣用句。ずっと「正鵠を得る」「当を得る」と同様に用いられてきたものの、見坊豪紀が『言語生活』1967年8月号の「ことばのくずかご」で「イとエの取り違え」だとして注目。1969年の読売新聞でも、「的を射た」「当を得た」の混淆から生まれた誤用だと紹介し、その後数十年をかけて誤用扱いが定着してしまった。国語辞典での扱いはだいぶ遅く、見坊が編集主幹の『三省堂国語辞典』第3版（1982年）で「的を射る」の項目に「〔あやまって〕的を得る」と記述したのが早い。転機は2013年末で、同辞書の編集委員を務める飯間浩明が誤用説の撤回を表明。「得る＝うまくとらえる」と解釈し、同時期に刊行された第7版で「的を得る」を注記なしに立項するに至った。一方、現在でも誤用と説明する辞書や書籍は多く、問題なしとする立場と誤用とする立場が対立している。

まめじしょ
【豆辞書】

辞書学 高さがおおむね10センチメートル以下の、きわめて小さな辞書の総称。豆辞典。一般的な豆本は主に好事家の間で楽しまれたものであったのに対し、三省堂の『英和袖珍新字彙』（1890年）のように、豆辞書には広く学生間に普及したものもあった。1920年代に至誠堂から刊行された『ベビ英和辞典』『ベビ新辞典』『ベビ漢和辞典』のシリーズも長く増刷された。明治期から戦後にかけ多くの豆辞書が作られたが、全容はよくわかっていない。1987年にバンダイから出た『豚の入れ知恵』と称する国語・英和の豆辞書は、テレビコマーシャルも放映された。

（豆辞書）

マルモイ ことばあつめ

作品 〔말모이〕2019年の韓国映画。オム・ユナ監督。1940年代の韓国で、スリ常習犯で非識字者のキム・パンス（ユ・ヘジン）が、朝鮮語学会代表のリュ・ジョンファン（ユン・ゲサン）に雑用係として雇われ、朝鮮総督府の圧力に抗しつつ朝鮮語の辞典作りに奔走する。1942年、総督府が朝鮮語学会員を一挙に逮捕し、のちの『큰사전』（大辞典）の編纂が中断に追い込まれた実際の事件（朝鮮語学会事件）に着想を得たフィクション。日本では2020年公開。

マレー

人物 〔James Augustus Henry Murray〕（1837-1915）『OED』の編集主任。スコットランドに生まれ、高等教育を受けずに育ったが、独学で言語について学んだ。1869年には言語協会に所属し、スコットランド方言に関する著作の刊行や、詩集の編集で名を上げた。1879年、編纂が停滞していた『OED』に編集主任として迎え入れられた。Scriptorium（写字室）と称する掘っ建て部屋で、膨大な用例カードに囲まれて仕事を進め、毎日33項目を完成させようと寸暇を惜しんで作業に打ち込んだ。しかし、英語の全語彙を辞書に収めんとする『OED』の事業は途方もないものであり、最後まで出来上がるのを見ることなく78歳で亡くなった。 参考 ➡ 博士と狂人

（マレー）

159

マンション

有名項目 〔mansion〕『新明解国語辞典』で物議をかもした項目のひとつ。初版の語釈は「スラムの感じが比較的少ないように作った高級アパート」。編者の金田一春彦や柴田武は、編集主幹の山田忠雄に直すよう申し入れたが、山田は金田一に「自分がマンションに住んだらそうだったから、そう書いた」と答えたという。第4版第5刷で語釈本文から「スラム」の文字は消えるも、例文で「マンションのスラム化は当初から懸念された問題であった」とやっている。

シャトー…？

パレス…？

（マンション）

みうらしをん
【三浦しをん】

人物 （1976-）小説家。『舟を編む』の著者。それ以来、辞書関連の書籍に帯文や解説を寄せることも多い。『広辞苑』第7版の予約特典小冊子「広辞苑をつくるひと」も執筆している。父である古代文学者の三浦佑之は、大学院生時代に『日本国語大辞典』初版で出典検討の作業にあたったことがある。 参考 ➡ 国語辞典の遊び方

みかいけつのおんな
【未解決の女】

作品 テレビ朝日系で2018年から放送されているテレビドラマシリーズ。副題「警視庁文書捜査官」。警視庁の刑事である矢代朋（波瑠）と鳴海理沙（鈴木京香）がバディを組み、文書を糸口に未解決事件に挑む。2020年8月20日放送のシーズン2第3話では、3年前にバスケ部のコーチが殺された高校で、教育実習生が授業で架空の小型国語辞典『秀印書房国語辞典』を使ったクイズをしていたことが事件解決の端緒となる。改訂版で語釈が変更されていることもヒントになった。『秀印書房国語辞典』の装丁は『旺文社国語辞典』第11版を模しているが、語釈は全く異なる。刑事の矢代も国語辞典が好きだといい、ポケット判の辞書を常に携行していた。

みかえし
【見返し】

辞書学 表紙の内側。おもて表紙の反対の面を前見返し（表見返し）、裏表紙の反対の面を後ろ見返し（裏見返し）という。表紙を開いてすぐ目につく、あるいは中身を読みながらでも片手でひらけるといった点では一等地とも言える。そのためか国語辞典では目次・索引や、紙面や約物・略語の見方などが載る傾向にある。伝統的に後ろ見返しを旧国名地図とする辞書も多いが、一等地を占めるほど大事な情報かどうかはわからない。

（見返し）

みぎ
【右】

有名項目 しばしば辞書で引き比べの対象となる語。説明するのが非常に難しく、各辞書が語釈に工夫を凝らしている。方角による語釈が伝統的で、『広辞苑』の「南を向いた時、西にあたる方」のほか、大多数の辞書がこの方式をとっている。『岩波国語辞典』初版が「相対的な位置の一つ。（中略）この辞典を開いて読む時、偶数ページのある側をいう」としたのは画期的で、井上ひさしも絶賛した。『三省堂国語辞典』も第4版からこれを踏襲し、方角を用いるのをやめて「この本を開いたとき、偶数ページのある・ほう（がわ）」という語釈にしたが、第7版からは飯間浩明の創案で「横に〈広がる／ならぶ〉もののうち、一方のがわをさすことば。「一」の字では、書きおわりのほう。「リ」の字では、線の長いほう」という独自の語釈に一新した。他に独創的な語釈には、『福武国語辞典』の「日本の道路の場合、車が走る側とは逆の側」や、『新明解国語辞典』の「アナログ時計の文字盤に向かった時に、一時から五時までの表示のある側」などがある。小説『舟を編む』では、主人公の馬締光也が先輩社員に「右」

の意味を説明するよう求められるシーンが印象的である。

デジタル版では使えない語釈…

（右）

みずたにしずお
【水谷静夫】

人物 (1926-2014) 国語学者。『岩波国語辞典』の編纂に初版から携わり、漢字母を見出しとすることなどを発案。1991年には辞書編纂に専念するため東京女子大学を退職し、第7版新版まで中心的な役割を果たした。特に第7版は全文に目を通している。「単に引く辞書から、読んで知る辞書へ」をモットーとし、「▽（さんかく）注記」には多角的な情報を記した。コンピュータを用いて数理的に言語を分析する計量国語学会の主要メンバーであったためか、『岩波国語辞典』は小型辞典にしてはやけにコンピュータ用語に詳しい。著書に『曲り角の日本語』『随筆 辞書を育てて』など。

（水谷静夫）

みぞえやおた
【溝江八男太】

人物 (1878-?) 教育者。新村出が編者を務めた『辞苑』などの国語辞典の実質的な著者であった人物。東京師範学校で新村出や松井簡治の教えを受けたのちに同校で教鞭をとり、京都府立舞鶴高等女学校教頭、同宮津高等女学校校長などを歴任。教師向けの教授資料を著した。福井に隠棲していた1931年頃、新村出から指名され、百科事典を兼ねた辞書とすることを条件に『辞苑』の編集に主任として参画。その後も『言苑』『言林』『国語博辞典』など新村出編の辞書の執筆を担った。

（溝江八男太）

みだしご
【見出し語】

辞書学 辞書の項目で、説明の対象とする語句。見出し語は語釈とセットになって項目をなす。この項目では、「見出し語」が見出し語。ある言葉を辞書で引く、ということは、その言葉が見出し語になっている項目を検索し、その表記や語釈を確かめる、ということである。国語辞典では、通常の名詞や動詞などはもちろん、単体では成立しない「を」「そうだ」のような助詞・助動詞、「第」「か月」のような接頭語・接尾語といった付属語も文法項目として見出し語になる可能性がある。また、複数の語が連なった複合語や慣用句・成句なども見出し語となりうる。そのうち辞書の編集方針にかなったものが実際に立項される。見出し語の形は、活用する語の場合は「歩く」「美しい」のように終止形が用いられる。紙面上では、以下のような工夫がなされることがある。語種によって仮名見出しの平仮名・片仮名を使い分ける。書体を変えて表示する。僅かに文字間を空けたり、中黒・ハイフンを使って語幹と活用語尾の切れ目を示す。重要語の見出し語全体を色やサイズの変更により目立たせる、などである。辞書を引くと語釈ばかりに目が行ってしまいがちだが、見出し部分からも十分情報を読み取ってあげたい。 参考 ➡ 親見出し、子見出し、辞書形、排列

みちのく
だてまさむねれきしかん
【みちのく伊達政宗歴史館】

施設 宮城県松島町にある観光施設。伊達政宗の生涯を再現した展示がメインだが、東北地方の偉人のろう人形が展示されたスペースもあり、大槻文彦、金田一京助、落合直文など辞書編纂で著名な人物のリアルなろう人形に出会える。ちなみに、大槻文彦の人形は『大言海』を読んでいるが、『大言海』が完成したのは大槻の没後である。

みよこうもく
【見よ項目】

辞書学 ➡ 空見出し〔この項目自体が見よ項目である〕

むじんとう
【無人島】

自分以外に誰もおらず、何もすることのない島。無人島へ何かひとつだけ持っていくとしたら、という仮定の問いに「辞書」と答える人は少なくない。井上ひさしは『広辞苑』と明言しているが、出来栄えのためではなく、余白に自分用のメモを大量に書き込んであることが理由。片岡義男は、無人島に持っていくなら『広辞苑』初版しかない、とあるとき閃いて、友人に頼んで入手したという。細野晴臣は、問いに対して、祖母からもらった思い入れのある『広辞林』新訂版を挙げつつ、携えていっても読まないのだろうと語っている。村上春樹は、厚めのしっかりした外国語辞典を持っていき、時間をかけてその言語をマスターしたいとエッセイに綴っている。

むとうやすし
【武藤康史】

人物 （1958-）文学評論家。辞書マニアとして知られる。『新明解国語辞典』の語釈の魅力を早くから発信しており、雑誌『クリーク』1990年9月20日号の特集「国語辞典の楽しさを、あなたは知らない。」などで紹介してきた。『明解物語』では、『明解国語辞典』系の成立事情を関係者へのインタビューで明らかにした。『クイズ新明解国語辞典』、『国語辞典の名語釈』、「国語辞典の歴史・草稿」（『myb』連載）など辞書に関する著作多数。

むみかんそう
【無味乾燥】

一般的に、辞書の形容に用いられる表現。辞書は主観を排した文体で端的に意味を記述することから、古今このような評は多い。時に個性的な語釈を書いた山田忠雄は、辞書の「無味乾燥で不得要領な文体」が早く過去のものになってほしいと願いを述べた。『新解さんの謎』でも、「辞典というのは頭の働きのてっぺん、無味無臭の極致に置かれるはずのもの」などとされる。しかし実際に読むに足りる語釈は少なくないし、より広く捉えれば、記述ににじみ出た編者の思想や、連綿と続く辞書の系譜のうねりが、劇的な側面を見せることもある。

エモさも
キモさも
ないさま

（無味乾燥）

めいかいけんきゅうじょ
【明解研究所】

組織 見坊豪紀が拠点としていた事務所。
1962年頃、東京都豊島区西池袋1の雑居
ビルに部屋を借りて「明解研究所」の表札
を出したのが始まりか。すぐに用例カー
ドが増えて手狭になったため、1965年、
見坊が自宅から自転車で通える東京都練馬
区大泉学園に2階建ての一軒家を購入し、
新たな「明解研究所」とした。1階の居間と
書斎で蔵書と用例カードを保管し、助手が
住み込みで管理していた。同所での作業の
モットーは「親切」だったとか。

（明解研究所）

めいかいこくごじてん
【明解国語辞典】

辞書 三省堂が1943年に刊行した小型国
語辞典。略称、明国。『小辞林』の語釈を
口語文に替えた辞書の制作にあたって三省
堂が金田一京助に依頼したところ、金田
一の推薦で見坊豪紀が担当した。「金田一
京助監修」とあるが名義貸しで、見坊単独
の編纂である。見坊の方針で引きやすさの
ため見出し語に徹底的な表音式仮名遣い
を採用し、現代語の項目をふんだんに採

録するなど、たった1年余りの間に書き換
えの域を超えた作業が施された。校閲を
山田忠雄、アクセントの表示を金田一春
彦が行った。1952年に改訂版が、1967
年には「新語編」約1600項目を加えた改訂
新装版が刊行された。中型辞典が主流だっ
た時期に登場したが、本格的な内容が好評
で市場を独占するほどの売れ行きを見せ、
小型辞典＝簡易・貧弱というイメージを一
新。初版・改訂版を合わせ600万部の大
ベストセラーとなった。1960年には改訂
版をベースにした学習辞典『三省堂国語辞
典』が刊行。また、編者らは次なる「三訂版」
を編纂していたものの結実せず、のちの
『新明解国語辞典』に取って代わられるこ
とになった。1997年に復刻版が発売され、
武藤康史が解説を寄せた。参考 ➡ ケン
ボー先生と山田先生

（明解国語辞典）

めいかいものがたり
【明解物語】

書名 『明解国語辞典』およびその系譜に
連なる『三省堂国語辞典』『新明解国語辞
典』の関係者へのインタビューをまとめた

書籍。柴田武監修、武藤康史編。2001年、三省堂刊。『明解国語辞典』系の辞書、そして戦後の国語辞典史を語る上で欠かすことのできない基礎的資料である。

柴田武監修、武藤康史編
『明解物語』
2001、三省堂

めいぎがし
【名義貸し】

辞書学 自分がほとんど、あるいは全く実務に携わっていないのに、編者・監修者の役目を果たした体(てい)で名前を載せる行為。例えば金田一京助は辞書編纂の実務に携わっていないが、『明解国語辞典』をはじめ金田一の名義を冠する辞書は多い。類例として、『辞苑』の新村出と溝江八男太、『辞林』系の金沢庄三郎と足助直次郎など、名義上の編者と別に実務者の存在が大きかったことのわかっている辞書はたくさんあり、『大日本国語辞典』の上田万年と松井簡治も似た例として挙げられる。現行の辞書も、一部は「編者」の関与が怪しまれる。名義貸しのまかり通ってきた背景には、辞書の内容がどうあれ権威ある学者が作ったことにしなければ世間一般の注目や信用を得られないという悲しい実情があるのだろう。

めいきょうこくごじてん
【明鏡国語辞典】

辞書 大修館書店が刊行する小型国語辞典。北原保雄編。初版2002年。最新版は2021年の第3版で、項目数7万3000。構文の観点を取り入れ、基本的な用言や助詞・助動詞の意味の記述に詳しく、よくある誤用や気になる表現を多く取り上げているのが特徴。新語・俗語の立項も多い。第3版では、改まった場面で用いることのできる言葉を挙げた「品格」欄などを新設した。1986年、学習研究社の鳥飼浩二が新機軸の国語辞典の編纂を北原に持ちかけ企画が進んだが、中止。1988年、北原がかねて付き合いのあった大修館書店に企画を持ち込み、鳥飼、矢澤真人、小林賢次、砂川有里子が参加して同社で編集が始まった。書名も北原が考案。大修館書店にとっては1963年の『新国語辞典』以来約40年ぶりの国語辞典となった。 参考 ➡ ジショサポ、「もっと明鏡」大賞、他山の石

（明鏡国語辞典）

めいこく
【明国】

略称 『明解国語辞典』の略称。

めいじきこくごじしょたいけい
【明治期国語辞書大系】

書名 明治期に発行された主要な国語辞典を復刻した選集。1997年から2016年にかけ、普通語辞書21巻と雅俗辞書15巻が刊行された。大空社出版刊。飛田良文、松井栄一、境田稔信編。別巻に『書誌と研究』。

メゾピアノ
【mezzo piano】

ブランド ナルミヤ・インターナショナルが展開する、女児向けのファッションブランド。学研プラスのドリルおよび辞典とコラボしており、辞典では『はじめて国語辞典』『はじめて英語辞典』の特別版が発売されている。

（mezzo piano）

メルカリ

〔mercari〕日本のフリマアプリの名。また、その運営会社。個人間で簡単に商品の売買を行うことができる。辞書もよく出品されており、たまに掘り出し物が見つかることも。オークション形式のヤフオク！とは異なり、購入は早い者勝ちなので、いい辞

書が出ていないか常に見張っていなければならない。

もじてん

辞書学 字典（じてん）のこと。同音の「事典」「辞典」と紛れないようにした言い方。
参考 ➡ ことてん、ことばてん

もじポップン
【モジポップン】

ゲーム ガンホー・オンライン・エンターテイメントが配信していたスマートフォン向けゲームアプリ。副題「100の海と情熱の大陸」。2015年配信開始、翌年配信終了。6マスの枠に仮名を当てはめ、次々と言葉を作っていくゲーム。テレビ番組『情熱大陸』とガンホー社のコラボで開発され、2015年3月1日の放送で開発の模様が紹介された。言葉の判定には『大辞林』から2～5文字の言葉19万語を抜粋した専用の辞書が用いられ、ゲーム内で作った言葉は語釈を見ることもできた。

もっとめいきょうたいしょう
【「もっと明鏡」大賞】

催事 大修館書店が主催した、国語辞典に載せたい語を一般から募るキャンペーン。副題は「みんなで作ろう国語辞典！」。『明鏡国語辞典』携帯版の発刊を記念して、2005年に第1回が開催された。2007年の第2回からは対象が中高生のみとなり、2011年の第6回をもって休止。審査委員長は北原保雄。応募作品をもとに『みんなで国語辞典』シリーズが編集されたほか、「粗辞」「いらっと」「がち」など複数の語が

実際に『明鏡国語辞典』に収録された。

ものかきどう
【物書堂】

（デジタル）日本の主要な辞書アプリメーカーのひとつ。2008年創業。同年7月のiPhone 3G発売と同時にiOSアプリ「ウィズダム英和・和英辞典」をリリース。同年12月に「大辞林」を発売し、インデックス機能を導入して、グッドデザイン賞を受賞した。以後、多数の辞書アプリを開発し、累計ダウンロード数は100万を超える。2019年には統合アプリ「辞書 by 物書堂」をリリースし、複数辞書の串刺し検索が可能となった。（参考）➡ パターン検索

もりたよしゆき
【森田良行】

（人物）（1930-）国語学者。日本語教育に携わり、早稲田大学日本語研究教育センターの初代所長を務めた。1977年から1984年にかけて角川小辞典シリーズから『基礎日本語 意味と使い方』を刊行。日本語教育の初級の教師が使える辞書を目指した。これをもとにして1989年に『基礎日本語辞典』を出版。日本語の基礎語の中心的な意味を明らかにした。『助詞・助動詞の辞典』（2007年）、『動詞・形容詞・副詞の事典』（2008年）では、国語辞典では説明しきれていない意味や文法上の働きなどを品詞別に解説した。

もろはしてつじ
【諸橋轍次】

（人物）（1883-1982）漢学者。1927年から1960年にかけて、史上最大の漢和辞典である『大漢和辞典』を編纂した。『日本国語大辞典』初版では金田一京助らとともに編集顧問を務め、題字も揮毫した。出身地である新潟県三条市に記念館がある。

（参考）➡ 松井簡治

（諸橋轍次）

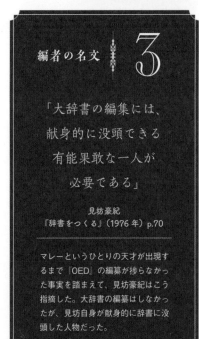

編者の名文　3

「大辞書の編集には、
献身的に没頭できる
有能果敢な一人が
必要である」

見坊豪紀
『辞書をつくる』（1976年）p.70

マレーというひとりの天才が出現するまで『OED』の編纂が捗らなかった事実を踏まえて、見坊豪紀はこう指摘した。大辞書の編纂はしなかったが、見坊自身が献身的に辞書に没頭した人物だった。

やくしまるひろこ
【薬師丸ひろ子】

(人物) (1964-) 女優、歌手。1980年代の角川映画のスクリーンを飾った「角川三人娘」のひとりで、『角川新国語辞典』の販促ポスターのモデルを務めたことがある。特別番組『ケンボー先生と山田先生』のナビゲーターも務めるなど、なぜか辞書と縁がある。

やくもの
【約物】

(辞書学) 出版・印刷業界の用語で、句読点、括弧、各種記号などの総称。辞書はあらゆる部分に何らかの意味をもたせた約物を取り入れ、言葉による説明をはぶくことで紙幅の節約を図っている。表記欄をかこむ括弧の形の違い、漢字表記につけられた小さな×や▼や＝、相互参照の矢印の違いなどにはすべて編者の伝えたい情報がこもっている。これを正しく受け取ってあげることで辞書を効果的に使えるので、どうかよく見てあげてください。

やなせなおき
【柳瀬尚紀】

(人物) (1943-2016) 英文学者、翻訳家。ジェイムズ・ジョイス『フィネガンズ・ウェイク』の完訳などで知られる。幼い頃からの辞書愛好家であり、辞書は「一長一長」であるというのが持論。辞書に関する著書に『辞書はジョイスフル』『広辞苑を読む』『辞書を読む愉楽』、編書に『日本の名随筆「辞書」』、山田俊雄との対談に『ことば談義 寐ても寤ても』がある。早くからデジタル辞書の利便性を認めており、CD-ROMや電子ブックの辞書を訳業に活かしていた。無類の猫好きでもあり、デジタル辞書では「猫」で全文検索をしたりしている。

（柳瀬尚紀）

ヤフーじしょ
【Yahoo!辞書】

(デジタル) Yahoo! JAPANが提供していたオンライン辞書。2000年に三省堂の『新辞林』など3種の辞書が引けるサービスとして開始。2004年にコンテンツが小学館の『大辞泉』など3辞書と入れ替わり、その後『大辞林』なども追加された。2013年12月にコトバンクと提携し、コンテンツはコトバンクと同一となった。2019年サービス終了。

ヤフオク
【ヤフオク！】

〔Yahoo! auctions〕Yahoo! JAPANが提供するインターネットオークションサービス。旧称Yahoo! オークション。辞書の売買でもよく用いられ、辞書コレクターには欠かせないサービス。 参考 ➡ メルカリ

やまぐちあきほ
【山口明穂】

人物 （1935-2018）東大名誉教授。『広辞苑』第3版から執筆に参加。第4版で編集委員会に加わり、第6版まで国語項目の総括責任者として中心的に編纂を進めた。『旺文社国語辞典』で改訂新版（1986年）から編者を務めているほか、『旺文社詳解国語辞典』などを編纂した。辞書づくりの方針は記述主義タイプで、辞書があまり規範化することには賛成できないと語っている。

やまだただお
【山田忠雄】

人物 （1916-1996）国語学者。同じく国語学者であった山田孝雄（よしお）の長男で、山田俊雄は弟。帝大で橋本進吉ゼミの見坊豪紀の同期、柴田武の先輩だった。『明解国語辞典』・同改訂版では校閲を務め、金田一春彦とともに見坊を補佐した。その後『音訓両引き国漢辞典』で初めて辞書の編修主幹を務めた。『新明解国語辞典』を初版から編纂し、その過程で見坊と訣別することとなった。名義貸しや引き写しといった辞書界の慣行を心から憂えた人物であり、『新明解国語辞典』における独創的な

語釈を生み出し、またそれを誇る挑戦的な序文にもつながった。「辞書は文明批評だ」を信条とし、語釈を通じて『悪魔の辞典』のごとき鋭い姿勢で社会に対して臨んだ。辞書史の研究の功績は大きく、『本邦辞書史論叢』『三代の辞書』『近代国語辞書の歩みその摸倣と創意と』など重要な論考を数多く残す。絶筆となった『私の語誌』（全3巻）では、膨大な用例から行う語義分析を紙上で実演した。 参考 ➡ ケンボー先生と山田先生、事故、明解物語

（山田忠雄）

やまだとしお
【山田俊雄】

人物 （1922-2005）国語学者。同じく国語学者であった山田孝雄（よしお）の三男で、山田忠雄は兄。『新潮国語辞典』『角川新国語辞典』『角川大字源』など、多数の辞書に編者として名を連ねる。『日本語と辞書』『ことばの履歴』『ことば散策』『詩苑間歩』『日本のことばと古辞書』ほか、言葉や辞書に関する著作も多い。柳瀬尚紀との対談に『ことば談義 寐ても寤めても』。

（幽霊語）

やまだびみょう
【山田美妙】

人物 （1868-1910）小説家、評論家、辞書編纂者。本名は山田武太郎。言文一致体小説の先駆者として知られるが、辞書を多数手がけてもいる。編纂した辞書は『日本大辞書』を筆頭に、『清国普通語典』（1892～1893年）、『新式節用辞典』（1895年）、『漢語故諺 熟語大辞林』（1901年）、『新編漢語大辞林一名熟語六万六千辞典』（1904年）、『大辞典』▷ など。

ゆうれいご
【幽霊語】

辞書学 辞書に収録されているにもかかわらず、現実には使用されていない言葉。ゴーストワード。幽霊語と考えられる語には、創作されたものと思しき「雪叩き」や、「顧眄（こべん）」の誤記に由来すると思われる「顧盼（こけい）」などがある。編者が自身の方言などを普通の語と思い見出しとした「こばかくさい」（『大言海』）や「釜ણ઼り」（『新明解国語辞典』）も、本来は収録の対象ではないという点で幽霊語に近い。「生新しい」は、当初は幽霊語だと思われたが、後にそうでないと判明した語である。見坊豪紀は、『小辞林』にあった「生新し」の語を機械的に口語形の「生新しい」に改めて『明解国語辞典』に収録したが、実例が見つからずこれを幽霊語だと判断した。しかし、松井栄一が室生犀星、川端康成などから複数の使用例を発見し、実際に存在する語であることが確認された。

ユニクロ

ブランド 〔UNIQLO〕カジュアル衣料品のブランドのひとつ。2008年、『広辞苑』第6版の刊行に合わせて、『広辞苑』の挿し絵を大きくプリントしたTシャツを「UT」シリーズから限定販売した。ラインナップは「ウンスンカルタ」「挂甲」「雁爪」「几帳」「草鹿」「コブラ」「鶴丸」「琵琶法師」「へまむし入道」「ベッセマー転炉」というマニアックな10種類。

（ユニクロ）

ようじようごじてん
【用字用語辞典】

辞書学 もっぱら日本語の表記方法についての情報を提供するために作られた辞典。一般に、常用漢字、現代仮名遣い、送り仮名の付け方など、国語施策にのっとった書き方を中心的に取り扱うものを指す。戦

後の国語改革を受けた広田栄太郎編『用字用語辞典』（1953年）が早く、その後も多数の用字用語辞典が編まれている。

ようれい
【用例】

辞書学　〔example〕①言葉が実際に用いられた事例。どこで、誰の使った言葉かという出典の情報、採集日時、採集者名とともに記録することで、証拠として編纂の基礎資料となる。　参考　➡ 用例カード、用例採集　②言葉の使い方の例示。語釈に添えて意味・用法の理解を深める。見出し語の使用される文脈を補って意味の機微を伝えたり、典型的なコロケーションを示したりするほか、逆に規範から外れた用法を見せ、意味の広がりを伝える場合もある。用例に括弧書きの注記を差し込んで、複数の語が関わる表現に説明を与える辞書もある。自己言及的な用例や、主張の強い用例を探すのも辞書を読む楽しみのひとつ。　参考　➡ 実例、作例

ようれいカード
【用例カード】

辞書学　用例①を記録したカード。1枚につき原則ひとつの用例を、対象となる語の仮名見出し（読み）、表記、品詞と出典とともに記録する。

記録には、原資料をたどって裏が取れるように出典の情報が必須であるほか、使用場面がわかるよう前後の文脈などもおさえる必要がある。典拠が文字資料の場合は、転記ミスの可能性を排除するため、カードに手書きするのではなく、原資料やコピーを貼り込むことが望ましい。辞書編集部や編纂者が長年用例採集に用いてきたが、保管・整理が大変だった。近年は利便性の高いコンピュータに記録媒体が移っている。　参考　➡ 短冊

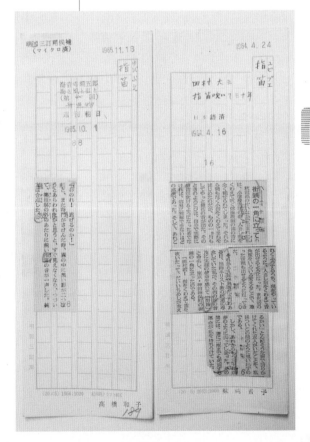

（用例カード）

ようれいさいしゅう
【用例採集】

（辞書学）用例①を集め、記録すること。用例採取、ワードハンティングとも。辞書づくりには言語の現実をまず知ることが不可欠であり、それには用例採集が絶対に必要である。その対象は、書籍・新聞・雑誌といった刊行物から、ラジオ・テレビなどの放送、街角の看板・広告・ラベルや日常会話、舞台の台詞、個人の手紙まで、あらゆる場面にわたる。いくつかの方法があり、総索引方式（全数調査）では、書籍1冊など対象を決め、含まれる言葉をすべて記録する。ランダムサンプリング方式では、対象内をランダムに区切った中の言葉を記録する。スカウト方式（選択採集）は、新しい語・用法など調査者が主観的に気になった言葉を記録するもので、『舟を編む』で描写されるのはこの方式。用例採集は通常、編纂者ら自身が行うが、早くは『OED』が一般人に用例提供を求めたり、近年では「日国友の会」で用例・新項目を募集するなど、外部が協力する例もある。「今年の新語」などの募集企画もこれに類する試みと捉えられるだろう。

よこぐみ
【横組み】

（辞書学）印刷物で、横書きになるよう文字を組むこと。国語辞典では縦組みが圧倒的に多いが、ローマ字引きのものや、英訳を添えたものでは横組みの国語辞典も古くから見られた。本格的なコンピュータ時代となった20世紀末には、『辞林21』（1993年）、『集英社国語辞典』初版（1993年）、同第2版（2000年）、『三省堂国語辞典』第4版（1994年）、『岩波国語辞典』第6版（2000年）などが横組み版を出したが、その後は続いていない。ポケット判を除けは現在では『大辞泉』第2版のみが横組みを採用している。これは表記欄にアルファベットが使われる語が全体の2割弱を占めること、また解説文中に化学式や数式などが多く用いられていることに対応したものである。

よねかわあきひこ
【米川明彦】

（人物）（1955-）日本語学者。梅花女子大学教授。俗語研究で知られ、『日本俗語大辞典』『集団語辞典』『業界用語辞典』など多数の俗語辞典を編んでいる。手話研究者でもあり、全日本聾唖連盟日本手話研究所編『日本語－手話辞典』の監修も務める。

よむじしょ
【読む辞書】

（俗語）引くのではなく、じっくり読むための辞書。当座の用を足すためだけに引いては勿体ないような、読み込むのにふさわしい文章を備えた辞書であるとか、構成が独特で目当ての情報を見つけるためには使いにくいが、項目全体を通読すると勉強になるような辞書などに対して用いられる。（用例）「引く辞書から―へ」「細かい記述が『日本大辞書』を―たらしめている」

辞典語辞典採収語…類別表

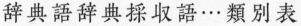

『言海』は、巻末に「言海採収語…類別表」という、五十音の各項にどんな語が何項目収められているのか、語種別に数えた表を備えていました。当時の日本語の全体像を把握するのに役立ちます。

しかし、今日の国語辞典で類別表に相当する表を載せるのはわずかに『新選国語辞典』があるくらいで、皆無と言っていい状況です。

『辞典語辞典』は、辞典語の世界の全容を明らかにし、また世の辞書にぜひ類別表を載せてほしいという願いも込め、分野ごとの項目数を示すことにしました。

══════ 『辞典語辞典』に収録した項目の内訳 ══════

辞書学：238

辞書：93

人物：83

デジタル：63

有名項目：31

書名：18	テレビ：10	キャラ：4
作品：17	ゲーム：9	サイト：4
古辞書：13	略称：9	ブランド：3
出版社：13	催事：7	楽曲：2
俗語：13	架空辞書：6	施設：2
組織：13	句：5	その他：35

本書の見出し語の総数は665ですが、大区分で分けた語義はそれぞれ別の項目として扱い、総項目数は682とカウントしています。また、2分野にまたがる9項目は重複して数えたので、総数は691となりました。

なお、記号が示す分野は、詳しくは以下の通りです。

辞書学 辞書学の専門の術語、辞書編纂実務に関する用語
辞書 辞書の名称、辞書のシリーズの名称（「古辞書」は除く）
人物 実在の人物名
デジタル デジタル辞書に関係する事項、企業名
有名項目 既存の辞書でよく知られている項目
書名 書籍、雑誌の名称（「作品」は除く）
作品 フィクションの作品名
古辞書 江戸時代以前に成立した辞書の名称
出版社 実在の出版社の名称
俗語 辞書に関係する俗な言葉
組織 「出版社」「デジタル」以外の組織の名称
テレビ テレビ番組の名称（「作品」は除く）
ゲーム 辞書を用いた遊びや、辞書に関連した遊びの名
略称 特定の辞書名の略称
催事 各種のキャンペーン名、イベント名
架空辞書 実在しない辞書の名称
句 句項目。成句や歌など
キャラ 架空のキャラクターの名称
サイト ウェブサイトの名称
ブランド ブランド名
楽曲 楽曲名
施設 施設名

りげんしゅうらん
【俚言集覧】

古辞書 江戸末期の国語辞典。太田全斎編で、19世紀初期ごろに成立。俗語、方言、ことわざなど口語を集成した。書名は『雅言集覧』に対して名づけられた。『雅言集覧』『和訓栞』と並び江戸期の代表的な辞書。1900年に増補版が刊行。

りっこう
【立項】

辞書学 （名・他サ）ある語を見出しとして、項目を作ること。用例「新語を積極的に―する編集方針」「派生形の―はハードルが高い」

りゃくご
【略語】

辞書学 ①ある語の一部分を省くか、アルファベットの頭文字（まれにそれ以外の一部分）をとるかして、もとの語より短くした語。「早大（←早稲田大学）」のように、漢字を読み替えるものもある。国語辞典で略語を見出しとする場合、語釈で「○○の略」とだけ示して説明はそちらに譲ることが多い。アルファベットの頭文字をとったものは特に「ABC略語」と称され、国語辞典では付録として巻末にまとめられてい

ることもある。②辞書などで用いる略号。「自動詞」を「自」、「フランス語」を「フ」とする類。

りゅうこうご
【流行語】

辞書学 ある一時期、多くの人々が盛んに用いたり、耳目を集めたりする単語やフレーズ。はやり言葉。多くは新語であるが、近年の「忖度」のように古くからある語が流行語と化すこともある。大部分は一過的なものであるため普通の国語辞典には載りにくいが、「がめつい」「いかす」など、まれに定着して辞書に搭載されるに至るものもある。参考 ➡ 俗語

（流行語）

るいご
【類語】

辞書学 ある語と共通した意味を持つ別の語。類義語とも。「辞書」と「辞典」など語義が近く言い換えられそうな語のほか、「辞書」と「国語辞典」「類語辞典」など上下（包摂）関係にある語や、指し示すものは同じでも「ことばてん」「辞彙」「ディクショナリー」など文体・時代・語種といった性質が異なるものも類語と言える。意味が離れていても「辞書」と「教科書」など同じ場面

に現れがちなら類語とみなす場合もある。どんな語でも周辺の語との関係性の中に位置しているから、類語を知ることは語義の理解に役立つ。発信の面でも、的確でバリエーション豊かな表現のためには類語を押さえておきたい。このような理由から、国語辞典も類語を列挙したり、コラムや類語対比表を設けて使い分けを示すなど工夫を凝らしてはいるが、より詳しく知りたければやはり類語辞典を引くのがベター。

るいごじてん
【類語辞典】

(辞書学) 語を主に意味の面から分類し、類語をまとめる排列法の辞書。このうち、すべての語彙の体系的な意味分類を目指したものを特にシソーラスと呼ぶ。統一体系を持たない類語辞典としては『日本類語大辞典』(1909年)が古くからある。語釈の付いた類語辞典は「類語国語辞典」と呼ぶことがあり、これは発信に役立てやすい形で排列しなおされた国語辞典であるとも言えよう。

るいごだいじてん
【類語大辞典】

(辞書) 2002年に講談社から刊行された類語辞典。柴田武・山田進編。見出し語7万9000。項目には語釈と用例がつき国語辞典としても使える。分類は、動詞・形容詞による独特の方式。例えば、「語釈」という語は、カテゴリー「教える」→小分類「説く」→動詞の類→小見出し「いろいろな説明」とたどった先にある。2008年、項目を6万6000に整理し小型化した『講談社

類語辞典』が刊行された。

るいごたいひひょう
【類語対比表】

(辞書学) 類語の用いられ方の違いを対比した表。類語について、典型的な例文に各語があてはまるかどうかを○△×などの記号で示したもの。『小学館日本語新辞典』のために松井栄一が発明し、先に完成した1985年の小学館『現代国語例解辞典』初版で初めて用いられた。後に同社の『使い方の分かる類語例解辞典』『ちがいがわかる類語使い分け辞典』や、小学生向けの『例解学習国語辞典』にも取り入れられた。他社でも、三省堂の『例解小学国語辞典』など、似たような表を採用したものがある。

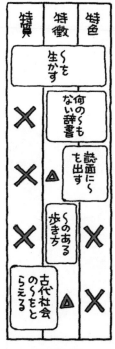

（類語対比表）

るいじゅみょうぎしょう
【類聚名義抄】

古辞書 平安期の漢和辞典。11世紀末に編まれた原撰本と、12世紀に和訓の情報を強化して改編した増補本とがある。採録された字や和訓の数が多く、平安期の音韻・アクセントを知る上で貴重な資料である。

ルーペ

辞書学 〔Lupe〕小さな文字などを拡大して見やすくするための、レンズを用いた器具。拡大鏡。『OED』の2冊本や、それに倣ったものらしき平凡社『大辞典』の2冊本など、辞書の縮刷版にはルーペが付録としてつくことがあった。最近では、『大辞林』第4版の購入者特典として、アンケート回答者に眼鏡型のルーペが贈られた。

甲例だって大きく見えちゃうんです

辞書の文字は小さすぎて読めない！

（ルーペ）

れいかいこくごじてん
【例解国語辞典】

辞書 時枝誠記が編者を務めた小型国語辞典。1956年、中教出版刊。項目数は4万余。和語の見出しは表音式仮名遣い。単なる言い換えにとどまらない分析的な語釈や、大部分の語に用例を添える方針は先駆的で、その後の辞書に少なからぬ影響を与えた。実際の執筆者は武蔵高校の若い教師らで、当時同校の国語教師だった松井栄一も参画した。これが松井が初めて携わった辞書である。編集者のミスで一部区間に項目の抜けがあり、13版までに順次解消されたことがわかっている。増訂版では巻末付録が増補された。1977年の41版を最後に絶版となり、現在では入手が困難な辞書としても知られる。

（例解国語辞典）

れいかいしんこくごじてん
【例解新国語辞典】

辞書 三省堂が刊行する中学生向けの国語辞典。1984年初版。最新版は2016年の第9版で、項目数は5万9000。林四郎監修、篠崎晃一編集代表。中学の教科書から採集した語を見出しとする。方言や誤用にも詳しく、表現に関わる補説も充実している。2019年には、かわいいシロクマを装丁にあしらったシロクマ版も刊行。2021年1月、第10版が発売予定。

れいぶん
【例文】

辞書学 ➡ 用例②

れきししゅぎ
【歴史主義】

辞書学 語義が複数にわたる項目で、その語の原義を先に、現代の意味を後にというふうに、時系列的に語義を排列するやり方。歴史的原則とも。長い目で見た日本語を記録することに重きを置く『日本国語大辞典』や『広辞苑』などの辞書はこの方式。こうした辞書はその語の歴史的な流れを教えてくれるが、例えば「かわいい」の最初の語義区分は「ふびんだ。かわいそうだ」といった古い意味で、現在通用するものとは限らないため、引くときは注意。⇔現代主義

れきしてきかなづかい
【歴史的仮名遣い】

辞書学 平安時代前期までの表記法に範をとり、江戸時代に契沖が整理した仮名遣ひ。1946年に現代かなづかひが制定されるまで、広く行はれた。旧仮名遣ひなどともいふ。多くの国語辞典では、見出し語や表記の下にその語の歴史的仮名遣ひを示してゐる。ただし、歴史的仮名遣ひのうち、漢字の字音の仮名による書き表し方である字音仮名遣ひについては、示さない辞書も少なくない。

レクシコグラファー

辞書学 〔lexicographer〕英語で、辞書編纂者、辞書学者。『三省堂国語辞典』第3版に て「レクシコグラファーは弁明せず」の用例付きで立項された。同じ版の「辞書」にあった用例「辞書は出来ばえだけが問題だ」と合わせ、編者の所信表明と受け取れる。第6版まで掲載されていたが、第7版で削除された。

レクスエムエル
【LeXML】

デジタル 〔LEXicographical eXtensible Markup Language〕辞書用のXMLの仕様。株式会社ディジタルアシストが2002年に策定した。既存の辞書をデジタル化する共通フォーマットとして辞書用に特化したXMLがLeXMLである。数百に及ぶ辞書類がLeXMLによりデータ化されており、電子辞書・オンライン辞書・辞書アプリの形式をまたいで展開できるようになっている。

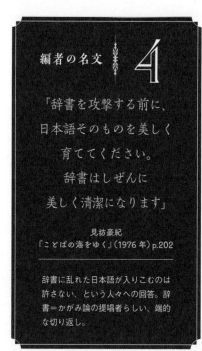

編者の名文 4

「辞書を攻撃する前に、
日本語そのものを美しく
育ててください。
辞書はしぜんに
美しく清潔になります」

見坊豪紀
『ことばの海をゆく』(1976年)p.202

辞書に乱れた日本語が入りこむのは許さない、という人々への回答。辞書＝かがみ論の提唱者らしい、端的な切り返し。

れんあい
【恋愛】

（恋愛）

合体できるなら特別の愛情なしでもかまわない

有名項目 （名・自サ）国語辞典で物議をかもす項目のひとつ。『新明解国語辞典』第3・4版の語釈「特定の異性に特別の愛情をいだいて、二人だけで一緒に居たい、出来るなら合体したいという気持を持ちながら、それが、常にはかなえられないで、ひどく心を苦しめる・（まれにかなえられて歓喜する）状態」は特に注目され、『新解さんの謎』では「真に迫る」「辞書にあるまじき細かさ」と激賞された。『舟を編む』でも『新明解国語辞典』第5版の語釈「特定の異性に特別の愛情をいだき…（後略）」が取り上げられ、恋愛の対象を「特定の異性」だけにするのは妥当か、と疑問を呈されている。近年では性別を問題としない国語辞典も多い。

参考 ➡ 恋

ローマじでひく
こくごしんじてん
【ローマ字で引く国語新辞典】

辞書 1952年に研究社から刊行されたローマ字引きの小型国語辞典。福原麟太郎、山岸徳平編。項目数6万5000。後に『研究社国語新辞典』に改題。単に『国語新辞典』とも呼んだ。意味の差異の説明のためにそれぞれの語義に英訳が添えられている。長らく絶版であったが、2010年に同社より復刻。

ローマじびき
【ローマ字引き】

辞書学 辞書の項目の排列方法のひとつ。見出し語をローマ字で表記し、アルファベット順に並べたもの。ABC引き。表音式で引けるため、仮名遣いを意識しなくてもよいという利点がある。国語辞典では、1915年に国字改良・ローマ字普及の意図で編まれた上田万年著『ローマ字びき国語辞典』（冨山房）が最初で、大正時代前半に集中して数種類のローマ字引き国語辞典が出版された。戦後には研究社から『ローマ字で引く国語新辞典』が刊行されているが、表音式に近い現代仮名遣いが定着したこともあって、その後は続いていない。

ローラアシュレイ

ブランド〔Laura Ashley〕自然をモチーフとしたデザインに特色のある、服飾・雑貨のブランド。1953年、イギリスで創業。学研プラスの辞書とコラボしており、『現代実用国語辞典』および『大きな字の現代実用国語辞典』の第3版、『パーソナル英和・和英辞典』のローラアシュレイ版が刊行された。

ロゴヴィスタ

デジタル〔LogoVista〕辞書アプリメーカーのひとつ。1990年の創業以来「LogoVista Pro」「コリャ英和！」シリーズなどの機械翻訳ソフトに定評のある老舗ソフトハウス。2001年にデジタル辞書ソフトの取り扱いを始め、現在では『広辞苑』『岩波国語辞典』『明鏡国語辞典』などのほか、外国語辞典、漢和辞典、医学辞典など多数の辞書コンテンツをPC、iOS、Androidに供給する。統合アプリ「LogoVista電子辞典閲覧用統合ブラウザ」は全文検索とマーカー機能が強み。

ろめい
【露命】

有名項目 つゆほどのはかない命。大槻文彦は、『言海』の最終校正の最中、幼い次女と妻を続けざまに亡くす。失意の中なんとか稿本に向かうと、ちょうど「露命」の語に行き当たり、袖を濡らしたというエピソードがよく知られている。『言海』のあとがきにあたる「ことばのうみのおくがき」に記されている話である。

> 編者の名文
>
> 5
>
> 「辞書の宿命として、どんなに努力して編んでも、結果は常に未完成品にとどまる——という事実を心得た上で御利用になってください」
>
> 水谷静夫（談）「理想の辞書を求めて」『ユリイカ』608号（2012年）p.69
>
> 水谷静夫は『岩波国語辞典』に立ち上げから関与し、幾度もの改訂をみずから経験した。同じ談話の中で水谷は、自分の辞書に対する考えは作った辞書が答えであり、それ以外の弁解はしないとも述べる。

浩明の著書『辞書に載る言葉はどこから探してくるのか?』の副題には「ワードハンティングの現場から」の文字列が躍っているのである。

ワードネット 【WordNet】

デジタル プリンストン大学で開発された、英語の類義語をまとめたデータベース。情報通信研究機構が公開する日本語版「日本語WordNet」は、ウェブリオ『Weblio類語辞典』をはじめ、無料のオンライン辞書・辞書アプリでもよく採用されている。ハイパーリンクで相互参照できるので、便利に引いている人も多いだろう。ただ、英語から翻訳したものを母体とするせいか、使っていると翻訳エラーらしき意味不明の項目も目に入ってくるのが難。

ワードハンティング

辞書学 用例採集。見坊豪紀が『英語青年』1973年2月号で目にして以来好んで使った用語。1982年刊の『三省堂国語辞典』第3版で立項され、「ワードハンティング二十年」という用例が付された。1992年刊第4版では「ワードハンティング五十年」に変化。10年の改訂期間に対し30年も延長されたが、前者は見坊が不断の用例採集を開始した1959年を、後者は辞書づくりに携わり始めた1939年を起点とみれば辻褄が合う。同項目は第6版まで存続するも、日本語に定着したとは言えず、第7版で姿を消した。が、それと同時期に出た飯間

（ワードハンティング）

わえいごりんしゅうせい 【和英語林集成】

辞書 アメリカ人J・C・ヘボンが編纂した、日本初の和英辞典。初版は1867年刊行で、ヘボン自身により第3版まで改訂され、その後も版を重ねた。編集には高橋五郎が協力。初版は本編「和英の部」2万語にくわえ「英和の部」1万4000語を収録。横浜に住んでいた宣教医のヘボンは、宣教師の日本語学習と聖書の和訳を念頭にこれを作り上げた。日本語の「理解」という目的にかなうよう、対訳をつけるだけではなく意味を説明していたから、「語釈が英語で書かれた国語辞典」という捉え方もできる。第3版で用いたつづり方は後に「ヘボン式ローマ字」と呼ばれる。

（和英語林集成）

わかんがぞくいろはじてん
【和漢雅俗いろは辞典】

辞書 高橋五郎が編纂した国語辞典。1888年に成立した英訳つきの辞書『漢英対照いろは辞典』から英訳部分を削除し、さらに語釈・項目を増補したもの。高橋が『漢英対照いろは辞典』に着手したのは、『言海』の原稿が完成した年でもある1886年だったが、出版は高橋の辞書のほうが早かった。『和漢雅俗いろは辞典』は1888年から翌年にかけて3分冊で刊行され、1889年には一冊本も出版された。項目数は5万8000語で、当時の辞書としてはかなり多い。大正時代に入る1913年まで増訂が繰り返され、最終的に項目数は7万3000まで増えた。固有名詞を立項し、動植物や道具などには挿し絵を添えるなど、『言海』にない特徴を備えている。漢語項目も『言海』より多い。検索の便のために、「設令（たとい）」を「せつれい」で引けるなど、難読の語は字音で空見出しを立てているのもユニークである。1893年には、縮約版である『袖珍石版和漢雅俗いろは辞典』も出た。

わくんのしおり
【和訓栞】

古辞書 江戸中期の国語辞典。谷川士清（にとすがが）が編纂し、18世紀に完成。2万897項目を五十音順に排列する。『雅言集覧』『俚言集覧』と並ぶ江戸期の代表的な辞書で、節用集が流行する当時にあって、語釈や用例を配した本格的なものだった。谷川の没後に1777年から1887年にわたって刊行された。

わご
【和語】

辞書学 日本語の単語のうち、外国語に由来するものではない、日本固有の語。「やまとことば」ともいう。「土（つち）」「星（ほし）」「空（そら）」「人（ひと）」など。現在の国語辞典では、漢字音による語である漢語とともに、平仮名の見出しで示されることが普通である。『言海』『新選国語辞典』『新潮国語辞典』など、和語と漢語を区別して示す辞書もある。参考 ➡ 語種

わみょうるいじゅしょう
【和名類聚抄・倭名類聚鈔】

古辞書 平安期の漢語辞典。和名抄、倭名鈔とも。10世紀前半、源順（みなもとのしたごう）が勤子内親王に命ぜられて編纂し、24歳の頃に成立した。漢語3000語を収め、中国の「類書」と呼ばれる意味分類の辞書にならって排列する。見出し語の多くに和名、すなわち日本語の名称を付したという点で画期的であった。

わらっていいとも
【笑っていいとも！】

テレビ フジテレビ系列で放送されていたバラエティ番組。タモリが司会を務め、平日の昼12時から生放送された。正式名、『森田一義アワー 笑っていいとも！』。2014年1月より、「国語辞典をアップデート 目指せ！言葉の達人」というコーナーが金曜日に設けられた。コーナーでは、お題の語の語釈を出演者たちが考案し、『大辞泉』の板倉俊編集長が「達人」「入選」「ボツ」の評定を下す。コーナーは同年3月の番組終了まで続き、木下優樹菜作の「大人」「結婚」、タモリ作の「お金」など秀逸な8作品が『デジタル大辞泉』に、また出演者全員の「笑っていいとも！」の語釈が『デジタル大辞泉プラス』に収録された。タモリによる「笑っていいとも！」の語釈は、「観たことがないのでわからない」。 参考 ➡ 金田一春彦

（笑っていいとも！）

わんりょく
【腕力】

有名項目 ➡ 愛

をんな
【女】

有名項目 ➡ 愛

んとす

有名項目 「むとす」が変化した、「…するつもりだ」という意味の語。『広辞苑』では初版以来の最後の項目として知られ、第2版からは「終わりなんとす」という自己言及的な用例も示されている。競技クイズの世界では、「『広辞苑』の最後の項目は何？」という問題がいわゆるベタ問〔＝繰り返し出題される良問〕として有名である。しかし、2018年の『広辞苑』第7版では、「ん坊」に最後の項目の座を明け渡した。『新明解国語辞典』も「んとす」を後ろから2番目の項目としており、「われら一同、現代語辞典の規範たらんとする抱負を以て、本書を編したり。乞ふ読者、微衷を汲み取られんことを」という読者へのメッセージが用例として掲げられている。『辞海』🔟『新版広辞林』では「んとす」は最後の項目で、それぞれ「本書の編修まさに成らんとす」「広辞林の修訂まさに成らんとす」とやはりメタ的な用例が添えられている。後ろのほうの項目は読まれやすいため、こういう用例が仕込まれがちなのかもしれない。

（んとす）

んぼう
【ん坊】

有名項目 （造語）「暴れん坊」「赤ん坊」の
ように、語の下について、そういう性質の
人や物事であるということを表す語。『広
辞苑』第7版で、それまでの「んとす」に代
わって最後の項目となった。

んん

有名項目 『三省堂国語辞典』のおしまいの
項目。編者の見坊豪紀は10年以上も探し
回って、『電通報』1972年7月5日号掲載
のサントリーの広告で初めて「ンーン」の
用例を採集、第3版から「んん」で立項
した。これで英語辞書の最終項目「zzz」（い

びきの音）とつりあいが取れたと、見坊は
著書に感慨を記している。第7版からは
「んーん」と長音符号の入った見出し語に
改められた。語釈は「①ひどくことばにつ
まったときや、感心したときなどの声」「②
〔二番めの音を下げ、または、上げて〕打
ち消しの気持ちをあらわす」。五十音順で
これより後ろにくる項目は今後も登場しな
いであろう。

ZZZ
んん

（んん）

≡ 総索引 ≡

◎検索の便宜のため、索引を設けました。ただし、網羅的なものではなく、検索に役立つてあろうと考えられる事柄・ページに絞っています。

◎見出しがあるページは色数字で示しました。

◎索引からは、五十音順に読むのとはまた違った方法で辞典の旅を楽しむことができます。ぜひ索引も隅々までご覧ください。

187

ことばのうみの
ことばのうみのおくがき

　2020年1月、辞典にまつわる言葉 "辞典語" の辞典を出してみませんかとお声をかけていただきました。編集者と面会して企画の説明を受けたのは、国内で新型コロナウイルスの感染者が初めて確認されてから数日後のことで、その後の打ち合わせは完全にリモートで進めざるを得なくなりました。

　執筆期間の一時期には、調査に不可欠な国立国会図書館が休館してしまい、現時点でも抽選予約制による入館制限が続いています。生活空間を犠牲にしてまで手元に資料を集積しておいてよかったと深く安堵したものです。

　『辞典語辞典』はそのような中で書き進められました。5月末までに項目の選定を終え、10月上旬には本文の執筆をほぼ完了させるという、振り返ってみれば神がかり的な速さで作り上げることができました。

　辞書の編者は名義貸しが多く、序文やあとがきで実質的な編纂者の名前を挙げて謝辞が述べられることがあります。辞典へのオマージュをちりばめた本書でもそうしたいところですが、あいにく『辞典語辞典』はちゃんと著者陣が執筆していますので、その必要はありません。

　執筆に際しては、境田稔信さんに貴重な資料をご提供いただきました。この場を借りてお礼申し上げます。また、いのうえさきこさんは、解説文の理解を助ける、あるいは全く助けない、楽しいイラストで紙面に彩りを添えてくださいました。ありがとうございます。

　本書が辞典を楽しむときの助け舟になれば、これほど幸せなことはありません。

見坊行徳

稲川智樹

文	見坊行徳 （けんぼう・ゆきのり）	1985 年、神奈川県生まれ。早稲田大学国際教養学部卒。在学中に「早稲田大学辞書研究会」を結成し、副幹として『早稲田大辞書』を編纂。2015 年、鷗来堂に入社し、英語関係の書籍を中心に校閲を担当。イベント「国語辞典ナイト」レギュラー出演。辞書マニアが共同で辞書を保管して集まる「辞書部屋」主宰。YouTube「辞書部屋チャンネル」で辞書の面白さを発信している。
文	稲川智樹 （いながわ・ともき）	1993 年、愛知県生まれ。早稲田大学法学部卒。在学中に「早稲田大学辞書研究会」を結成し、主幹として『早稲田大辞書』を編纂。2015 年、講談社に入社し校閲部に配属。これまでに週刊誌、学芸書、文芸書の校閲を担当。イベント「国語辞典ナイト」レギュラー出演、オンライン辞書の語釈執筆なども行う。2018 年、フジテレビ系『超逆境クイズバトル!! 99 人の壁』にジャンル「国語辞典」で出演、全問クリアに迫った。
絵	いのうえさきこ	漫画家。著書に『東京世界メシ紀行』（芸術新聞社）、『いのうえさきこのだじゃれ手帖』（集英社）など。最新刊に『私、なんで別れられないんだろう』（秋田書店）。

カバー・本文デザイン	スタジオダンク（田山円佳）	校正	株式会社鷗来堂
編集	nikoworks（太田菜津美）	取材協力	株式会社三省堂
写真	伊井龍生		

辞書にまつわる言葉をイラストと豆知識でずっしりと読み解く
辞典語辞典

2021 年 1 月 15 日　　　　　発　行　　　　　　　　　　NDC813.1
2021 年 7 月 30 日　修訂版　第 1 刷

文	見坊行徳・稲川智樹
絵	いのうえさきこ
発行者	小川雄一
発行所	株式会社 誠文堂新光社
	〒 113-0033　東京都文京区本郷 3-3-11
	［編集］電話：03-5805-7762
	［販売］電話：03-5800-5780
	https://www.seibundo-shinkosha.net/
印刷・製本	図書印刷 株式会社

ISBN978-4-416-52113-7